Bernhard Häring

Ich habe mit offenen Augen gelernt

Bernhard Häring

Ich habe mit offenen Augen gelernt

Meine Erfahrung mit einer anderen Kirche

Herder

Freiburg · Basel · Wien

Herstellung: Freiburger Graphische Betriebe 1992
ISBN 3-451-22910-2

Inhalt

Vorwort

Für Anfang 1993 ist der Beginn der afrikanischen Synode der katholischen Kirche angekündigt: Ich betrachte dies als eines der bedeutsamsten Ereignisse für die Kirche. Zu Beginn des 20. Jahrhunderts gab es in Afrika nur ein paar Millionen Christen, zum Teil spärliche Überbleibsel der einstmals starken Christenheit in Nordafrika und Äthiopien. Zu Beginn des dritten Jahrtausends dürfte es in Afrika annähernd 250 Millionen Christen geben, darunter gut 100 Millionen Katholiken: Eine Entwicklung von großer Tragweite!

Es ist nicht verwunderlich, daß mit diesem Umschwung auch eine Wachstumskrise einhergeht. Man bedenke, wie zu Beginn unseres Jahrhunderts eine eurozentrische Sicht der Kultur und ganz besonders auch des Christentums noch gang und gäbe war. Die Christianisierung Afrikas verdankt sich heroischer Opferbereitschaft der ersten Generation von Missionaren. Ihre Sendung war durch die Verkettung mit dem Kolonialismus zum Teil – wenigstens äußerlich – gefördert, aber auch in sehr vieler Hinsicht erschwert.

Das Zweite Vatikanische Konzil wurde zum Markstein eines tiefgehenden Umdenkens im ganzen Bereich der Theologie, vor allem auch der Missionstheologie. Es fiel zugleich zusammen mit dem Ende des Kolonialismus. Die Humanwissenschaften, vor allem die Soziologie der Kulturen, der Religion, der Sexualität, Ehe und Familie, führten in vielen Fragen der Inkulturation zu einem für Kirchenmänner nicht immer leichten Umdenken.

Zu Beginn des Konzils Anfang der sechziger Jahre war der Großteil des afrikanischen Klerus, einschließlich der einheimischen Bischöfe, noch nach europäischen Denkschemen gebildet. Doch das Umdenken hatte bereits voll eingesetzt. Es zeigte sich, wie insgesamt im gegenwärtigen Abschnitt der Geschichte, eine gleichzeitige Ungleichzeitigkeit. Daß es dabei nicht ohne Spannungen und Verunsicherungen abging, versteht sich. Eine Episode aus der Konzilszeit mag dies beleuchten: Der hochgelehrte und machtvolle Kurienkardinal Parente, ein einflußreiches Mitglied des Heiligen Offiziums, begegnete auf dem Petersplatz einer Gruppe afrikanischer Bischöfe, die auf dem Weg zu einer Sitzung waren. Als ehemaliger Dogmatikprofessor an der theologischen Fakultät der Propaganda Fidei und Lehrer vieler dieser Bischöfe brachte er ihnen sogleich seinen verständlichen Schmerz mit den Worten zum Ausdruck: „Ihr habt uns verraten!" Darüber zeigten diese aufgeschlossenen Bischöfe, die seit ihrer römischen Seminarzeit viel dazugelernt hatten, im Gespräch mit uns ihre große Verwunderung, daß ein einflußreicher römischer Prälat auf die Idee kommen könne, ihr Umdenken und ihre Freiheit im Vertreten der Interessen der afrikanischen Christenheit sei ein Verrat.

Da die Probleme der Inkulturation in Afrika vor allem die Moraltheologie betraf, schickten viele afrikanische Bischöfe begabte junge Afrikaner zum Studium der Moraltheologie an die Academia Alfonsiana, wo ich lange Zeit lehrte und für viele der „Doktorvater" war. Die Zeiten hatten sich geändert. Ich machte mit meinen Studenten und Doktoranden, insbesondere mit den afrikanischen, einen langen und oft nicht leichten Lernprozeß durch. Gleich nachdem das Konzil zu Ende war, verbrachte ich Jahr für Jahr – fast zwei Jahrzehnte lang – den Großteil meiner akademischen Ferien lernend und lehrend in Afrika. Ich darf wohl sagen, daß ich mit dem ganzen Herzen mitgelernt habe.

Als ich vor etlichen Jahren wieder einmal in Rosenheim abends den Zug nach Rom bestieg, traf ich einen meiner afrikanischen Studenten. Er war hochbeglückt. Kaum hatten wir uns gesehen, verschwand er und kam bald mit vier anderen Afrikanern zurück, um mich zu begrüßen. Über dieses so herzliche Wiedersehen kamen meine deutschen Reisegefährten nicht aus dem Staunen heraus.

Aus eben diesem Geist der Freundschaft und der leidenschaftlichen Liebe zu den Afrikanern habe ich dieses Buch im Blick auf die bevorstehende afrikanische Synode geschrieben. Ich möchte damit den Lesern helfen, einigermaßen zu verstehen, worum es hier vor allem geht und was dabei auf dem Spiel steht.

Mein bescheidenes Buch ist ein Versuch narrativer Theologie, der literarischen Art nach in etwa der Apostelgeschichte vergleichbar. So lade ich meine Leser ein, mit mir auf die Reise zu gehen und sich mit den Menschen und Völkern Afrikas zu befreunden.

Möge die bevorstehende Synode ein befreiendes Ereignis werden, dem Apostelkonzil vergleichbar! Gott gebe es!

Gars am Inn, 16. Juli 1992 *Bernhard Häring C. Ss. R.*

Einführung

Mein intensives Interesse an der Heilsverkündigung in Afrika begann vor allem aufgrund einer Besprechung meines Werkes „Das Gesetz Christi" (1954) durch den bekannten Missiologen Thomas Ohm, der nicht mit Lob sparte: „Endlich eine wahrhaft christliche Moraltheologie", doch darauf folgte eine ernste und m. E. notwendige Einschränkung: „Noch viel zu europäisch"! Dadurch und aufgrund meiner Lehrtätigkeit in Rom für Studenten(Doktoranden), die zu einem großen Teil aus der Dritten Welt, vor allem auch aus Afrika, kamen, hatte ich die Gelegenheit und spürte ich die Pflicht, mich systematisch und beharrlich mit der Frage der Inkulturation der Heilsverkündigung und speziell der Moralverkündigung außerhalb des europäischen Kulturraums zu beschäftigen. Ich studierte die einschlägigen Werke der Humanwissenschaften, vor allem die Soziologie der Kulturen, der Sitten und des Ethos, der Familie und der Sexualität u. a. m. Afrikaner und Asiaten, die bei mir promovieren wollten, wählten gern Themen, die ihre Kultur, ihr Land, ihren Stamm betrafen, z. B. die afrikanische Stufenehe, Zulassung zu den Sakramenten von Männern und Frauen, die vor ihrer Bekehrung zum Christentum guten Gewissens polygame Ehen eingegangen waren; die afrikanische Ahnen-Verehrung, traditionelle Formen der Geburtenregelung in den Bantu-Stämmen, die Leviratsehe, die afrikanische Sicht der kinderlosen Ehe usw. Ich lernte mit und von meinen Doktoranden.

Das Zweite Vatikanische Konzil schloß in dieser Hinsicht für mich ein neues Kapitel auf. Während der Vorbereitungszeit, vor allem bei meiner Mitwirkung in den Subkommissionen über Ehe und Familie und über die Moralordnung, brannte mir ständig die Frage im Herzen und auf der Zunge: Werden die Menschen in Asien und Afrika die Ergebnisse der Konzilsarbeit als Teil der befreienden Frohbotschaft erfahren können?

Gleich zu Beginn des Konzils fragte mich Kardinal Duval aus Algerien, ob ich bereit wäre, für die französisch und englisch sprechenden Bischöfe aus Afrika über Textvorlagen zu sprechen, die den Bischöfen zugestellt worden waren und die vor allem Fragen der Moral betrafen. Ich sagte gerne ja, fügte aber hinzu: „Werde ich, wenn diese Vorlagen trotz allem angenommen werden, dann wenigstens in Afrika noch lehren können?" Lächelnd antwortete der Kardinal: „Sie werden viele Einladungen nach Afrika erhalten." In meinem ersten Vortrag vor afrikanischen Bischöfen zitierte ich den Satz von Paul Claudel: „Jesus lieben wir von Herzen, doch diese Art von Moral werden wir um keinen Preis lieben!"

I
Erste Reise nach Kenia, Tansania und Uganda

Bald nach dem Konzil nahm ich Einladungen zu Vorträgen aus Ost-Afrika an. Die Kurse, die ich geben sollte, und alle meine Reisen waren an Ort und Stelle geplant. Ich schrieb an die Veranstalter, sie möchten mir mitteilen, über welche Themen ich sprechen solle, denn ich möchte nicht meine Fragen mitbringen, sondern versuchen, auf ihre Fragen zu antworten. So hielt ich es auch bei späteren Reisen. Diese Einstellung wurde gern zur Kenntnis genommen.

„Ah, du bist einer von diesen liebenswürdigen Narren: Willkommen!"

Ich wollte „mit leichtem Gepäck", d.h. ohne deutsche, römische, europäische Vorurteile, reisen. Diesen Vorsatz wollte ich auch dadurch zum Ausdruck bringen, daß ich nur eine leichte Handtasche als Reisegepäck mitnahm. Doch das brachte mich schon auf dem Flugplatz von Nairobi (Kenia) in einige Verlegenheit. Der afrikanische Zollbeamte fragte mich höflich: „Wo ist Ihr Koffer?" Auf meine Antwort: „Ich habe nur diese Handtasche", erwiderte er: „Das ist unmöglich! Sie wären der erste Europäer, der ohne Gepäck nach Afrika kommt." Schließlich fragte er etwas ungeduldig: „Sind Sie Priester?" Auf mein Ja kam die Zurechtweisung: „Von Priestern darf man keine Lügen erwarten!" Darauf zog ich mein Neues Testament aus der Tasche und las ihm vor, was Jesus seinen Jüngern sagte: Reist ohne Gepäck! Jetzt war er wie umgewandelt. Mit echt afrikanischem Lächeln sagte er mir: „Ah, du bist einer dieser liebenswürdigen Narren. Willkommen!"

Dieses Reisen mit leichtem Gepäck hatte ganz am Schluß ein zum Lachen reizendes Nachspiel: Am Tag meiner geplanten Abreise aus Uganda war ich bei einer lebhaften und lange dauernden Eucharistiefeier mit lauter Afrikanern der Hauptkonzelebrant. Es war sehr heiß, und ich war schweißgebadet. Bei einer Kniebeuge ging meine Hose total auseinander. Also ging ich nach der Messe in der Albe auf mein Zimmer und rief nach der Schwester, die die Hausleitung hatte. Sie lachte laut auf, als ich sie bat, mir schnell vor der Abreise die Hose zusammenzunähen. Unmöglich! Ein anderer Priester mußte mir seine Hose leihen.

Zehn Jahre später kam ich in dasselbe Katechetische Zentrum in Kampala und konnte bald feststellen, daß die Geschichte von meinen geliehenen Hosen überall bekannt war. Dennoch blieb ich bei all den folgenden Reisen bei meinem Vorsatz, mit leichtem Gepäck zu reisen.

Im Paradies

Kenia, Tansania und Uganda sind landschaftlich wunderschön. Es ist gar nicht ausgeschlossen, daß dort die ersten Menschen gelebt haben. Ein faszinierender Reichtum von Blumen und Vögeln. Während und nach der Regenzeit überall ein wunderbares Grün, blühende und Früchte tragende Bäume aller Art.

Einen Kurs in Tansania gab ich direkt am Fuß des Kilimandscharo, des höchsten Berges Afrikas. Jeden Morgen stand ich beizeiten auf, um den Sonnenaufgang zu erleben. Die schneebedeckten Hänge des Kilimandscharo erstrahlten bereits in der Sonne, als unten noch alles im Halbdunkel lag. Ich hatte Freude an den kleinen Affen, die wenig Scheu vor Menschen zeigten.

Während einer Nachtfahrt durch ein Waldgebiet erklärte mir der Fahrer des Autos, warum er so langsam und vorsichtig fahre: Es könnte sein, daß eine Elefantenherde den Weg kreuzt; sie würden auf ein rasch fahrendes Auto feindselig reagieren und es womöglich zerstampfen. Ich hielt dies für Jägerlatein. Doch einige Tage später las ich in der Zeitung, daß gerade in diesem Waldstück und in derselben Nacht ein Auto von Elefanten zertrampelt worden war.

Es dauerte lange, bis ich einmal das Glück hatte, eine Elefantenherde aus ziemlicher Nähe zu beobachten. Es war in Sambia, am Sambesifluß. Die Elefanten kündeten ihr Kommen mit einem riesigen Geschmetter an. Bäume krachten unter ihren Füßen. Bald führten sie dem lieben Gott ein großartiges Elefantenspiel vor, sicherlich nicht ahnend, daß es einen neugierigen Beobachter in aller Nähe gab. Erst nach geraumer Zeit zogen sie sich verhältnismäßig ruhig zurück. Der afrikanische Elefant ist doppelt so schwer wie sein indischer Verwandter. Kein Wunder, daß es den Afrikanern nie gelungen ist, den Elefanten zu zähmen und ihn zum Schwerarbeiter zu machen. Vielleicht ist auch nie ein Afrikaner auf diese Idee gekommen. Der indische Elefant hingegen ist seit Jahrtausenden ein lohnender Schwerstarbeiter.

In der Arche Noahs

Ich habe an den „Gebeten in der Arche" eine besondere Freude und dichte manchnal gern darüber. Eines Tages beklagte sich Noah bei Gott: „Warum hast du mich zusammengesperrt mit all diesen lästigen Tieren, diesen stinkenden Affen, diesen eitlen Hähnen, diesen brüllenden Löwen, und sogar mit diesen schrecklichen Stechmücken?" Lächelnd antwortete ihm der Schöpfer: „Mein lieber Freund, vergiß doch nicht, daß auch du eines dieser liebenswürdigen Tierlein bist. Du gehörst mit dazu."

So sinnierte ich auch darüber, welches Gebet die Elefanten Gott vortragen: „Groß und mächtig bist du, Herr der Schöpfung! Doch wir Elefanten sind gewichtiger. Laß es doch die Menschen wissen, daß sie vor uns nicht mehr sind als Staub!"

Einen ausgewachsenen Gorilla sah ich nur einmal in einem Reservat, und dies in einem Käfig. Gern hätte ich einen dieser riesenhaften Herren in Freiheit gesehen. An einem der Orte in Tansania, an denen ich Kurse hielt, gab man mir in einem Haus auf einem Berg Quartier, das als Teil eines Bildungsprojekts von „Missio" gebaut war. Dort tanzten die Äffchen vor meinen Augen auf dem Dach, vor den Fenstern und überall. Aber einen Gorilla sah ich nicht, obwohl man mir gesagt hatte, daß es in dem Waldgelände auf dem Berggipfel, auf dem das Haus stand, mehrere Gorilla-Familien gäbe. Eines Abends wollte ich mich nach Abschluß meiner Tagesarbeit zu Fuß auf den Weg zu meinem Quartier auf dem Berg machen. Doch bald kamen mir Ordensfrauen atemlos nachgelaufen: „Was machen Sie bloß! Wissen Sie nicht, daß Sie einem Gorilla in die Arme rennen könnten. Wen er umarmt, der kommt nicht mehr los." Wohl kaum hätte ich beim Herannahen eines Gorillas jene Ruhe gehabt, mit der der heilige Franz von Assisi der Legende nach einen Wolf lammfromm gemacht hat.

Freimütiger Dialog

Die Kurse, die ich in Ost-Afrika gab, machten mir überall viel Freude. Das Gespräch kam bald in Gang. An interessanten und lebensnahen Fragen und gesundem Widerspruch fehlte es nicht. Bei einem Kurs in Tansania, an dem auch der Vorsitzende der Bischofskonferenz teilnahm, stellte man mir die Frage nach dem Sinn der Erbsünde; eine Frage, die auch bei meinen späteren Reisen immer wieder auftauchte. Die Studenten hatten offenbar den Eindruck, daß ich dem Ernst der Frage auswich und bald waren Zettel auf meinem Tisch, auf denen stand: „Weichen Sie nicht doch unserer Frage diplomatisch aus!" Immer wieder fiel mir in Afrika der Verdacht nach diplomatischem Ausweichen auf.

Ich fragte, wie auch später oft: „Warum brennt euch diese Frage so sehr auf den Nägeln, ja auf der Seele?" Der Kern der Antwort war immer: „Wir Afrikaner erleben das Evangelium befreiend; es heilt von der Angst. Aber dann scheint die Rede von der Erbsünde wieder alles zurückzunehmen. Warum sollen unsere guten Ahnen wegen der Sünde des Adam das Heil verloren haben? Sind nicht die Kinder ganz unschuldig!"

Die afrikanischen Kinder sind mir ans Herz gewachsen. Mein Gruß wurde von ihnen überall mit einem wunderbaren Lächeln, ein freundliches Zeichen mit der Hand durch lebhaftes Zuwinken beantwortet. Wenn ich mit dem Auto über die staubigen Straßen zu einem anderen Arbeitsort fuhr, geschah das oft ganz langsam. Ich winkte den Kindern zu und konnte überall dieselbe Erfahrung ungezwungener Herzlichkeit machen. Übrigens habe ich in Afrika nie bettelnde Kinder erlebt.

Nun, was ist meine Antwort auf die bohrenden Fragen? Zunächst Dankbarkeit für dieses gründliche Suchen und Fragen, dann der Versuch, auf der afrikanischen Wellenlänge zu antworten: Ihr Afrikaner verehrt eure frommen Ahnen, Vorfahren, Großeltern, Eltern. Sie wissen und ihr wißt, daß ihr vor Gott zusammengehört. Niemand in Afrika verehrt böse Verstorbene, die Schadenzauber und alle Art von Bosheit getrieben haben. Eure Kinder, ihr selbst als Kinder frommer, guter Eltern kommt mit einer reichen *Erbgnade* zur Welt, die größer ist als die negativen Erblasten. Hinter all der Erbgnade steht nun Jesus, der neue Stammvater mit seinen Heiligen. Wer sich zu ihm und zur Gemeinschaft der Heiligen, zur Solidarität im Guten bekennt, der braucht die negativen Erblasten nicht zu fürchten.

Über die Frage der Erbsünde kann man vernünftig nur zu Menschen reden, die an die Erlösung durch Christus glauben und sich zur Heilsgemeinschaft bekennen. Sie schreckt die Erbsünde, die Verkettung in die Unheilssolidarität nicht. Die Erbsündelehre der Kirche nimmt von der befreienden und beglückenden Frohbotschaft nichts zurück. Sie ist für uns ein Ansporn, etwas besonders zu pflegen, das als das Beste in der afrikanischen Kultur und Tradition angesehen wird: die Verbundenheit in allem Guten.

Wir haben nicht nur Abraham als Vater im Glauben, sondern auch eure tiefgläubigen Vorfahren, die durch ihr Gebet und ihr ganzes Leben das erlöste Miteinander und Füreinander gelebt haben.

Am Ende dieses Kurses in Tansania sprach ich dem Vorsitzenden der Bischofskonferenz mein Erstaunen darüber aus, daß seine Gegenwart in gar keiner Weise den Freimut und die Freiheit der Aussprache gehemmt hatte. Er freute sich sichtlich über diese Feststellung und meinte: es wäre doch eine Schande, wenn man sich vor dem Bischof nicht ganz ehrlich zu sein traute. Es ist einer der vielen afrikanischen Bischöfe – unter ihnen sind inzwischen nicht wenige meiner früheren Studenten –, denen meine ganze Verehrung und Bewunderung gilt. Sie sind Symbol der Einfachheit und der Brüderlichkeit. Viele, denen ich begegnete, wie der Vorsitzende der Bischofskonferenz von Tansania, sind auch Vorbilder apostolischer Armut und Bescheidenheit.

Die ökumenische Dimension

Das Pastoralinstitut von Tansania hat meine Kurse immer bestens geplant. Mich wunderte jedoch das Fehlen der ökumenischen Dimension. Um so größer war dann die Überraschung und Freude, als diese urplötzlich in aller Deutlichkeit sichtbar wurde. Das Pastoralinstitut hatte einen Kurs für volle zehn Tage den Ordensschwestern zur freien Gestaltung überlassen. Mit größter Selbstverständlichkeit luden sie dazu Christen anderer Kirchen und ihre Vorsteher, vor allem Anglikaner und Lutheraner, ein. Es wurde ein großartiges ökumenisches Fest. Auch in allen Vorträgen und Aussprachen kamen Aspekte und Probleme des Ökumenismus reichlich zur Sprache. Für mich wurde dies ein sprechendes Beispiel für die Rolle der Ordensfrauen in der Kirche nach dem Zweiten Vatikanischen Konzil. Sie sind Fahnenträgerinnen und bleiben, was sie immer waren: Lastträgerinnen. Ich könnte mir das Erwachen der Kirche in Afrika gar nicht vorstellen ohne die Rolle der Ordensfrauen, sowohl der europäischen und amerikanischen Missionarinnen, Krankenschwestern und Missionsärztinnen, als auch der vielen einheimischen afrikanischen Schwestern.

Ein typisches Problem

Die Schwestern ließen auch keine Gelegenheit aus, mir die brennenden und teilweise ungelösten Pastoralfragen deutlich zu machen. So erinnere ich mich noch genau an den Besuch einer Witwe, den die Schwestern veranlaßt hatten. Es ging um die in ganz Afrika, vor allem aber bei den Bantu-Stämmen tief verwurzelte *Leviratsehe.* Sie war im Alten Testament als eine heilige Pflicht eingeschärft, und sie zu verweigern, galt in Israel als todeswürdiges Verbrechen. Das kommt eindrucksvoll im 38. Kapitel des Buches Genesis zum Ausdruck. Während die Enzyklika „Casti connubii" noch meinte, darin die Todeswürdigkeit des abgebrochenen ehelichen Verkehrs („Onanismus") zu erkennen, sind sich heute alle Bibelwissenschaftler darüber einig, daß die todeswürdige Sünde nichts anderes war als die Verweigerung der Leviratsehe.

Was heißt Leviratsehe? Wenn in Israel ein Mann ohne Nachkommenschaft starb, mußte ein (schon verheirateter) Bruder oder naher Verwandter sich der

Witwe annehmen und ihr auf den Namen des verstorbenen Bruders (als dessen Erben und Fortsetzer der Ahnenreihe) Kinder zeugen. Dies galt als Prüfstein der Solidarität noch über den Tod hinaus und auch als Vorsorge für Witwen. Unter den Fachgelehrten besteht auch kein Zweifel darüber, daß noch zur Zeit Jesu in Israel die Leviratsehe als streng verpflichtend galt. In der Bibel steht kein Wort dagegen.

Doch hier die Geschichte der Frau, die mich besuchte: Bei einem Unwetter war ihre Hütte eingestürzt und hatte unter den Trümmern ihren Mann und eines ihrer Kinder begraben. Nach Stammesüberlieferung gehört die Erfüllung einer eventuellen Leviratsehe zur strengen Pflicht beider Teile. Die Familie ihres verstorbenen Mannes war bereit, dieser Pflicht zu entsprechen. Dazu gehört, daß der ausgewählte Verwandte vor Zeugen abends in die (von ihm gebaute) Hütte der Frau eintritt und die Nacht bei ihr verbringt. Nun aber sagte der (weiße) Pfarrer der Frau, daß dies eine schwere Sünde sei, durch die sie von den Sakramenten ausgeschlossen wäre. Ihre Verwandtschaft aber drohte ihr, sie total zu verstoßen, wenn sie die Leviratspflicht verweigere. In dieser Situation wäre sie der Prostitution ausgeliefert.

Die Ordensfrauen gaben der Frau einstweilen Obdach und Unterhalt. Aber sie erwarteten von mir mit erstaunlicher Selbstverständlichkeit, daß ich das afrikanische Gewissen dieser Witwe und der beiderseitigen Verwandtschaft anerkenne. Auch sie wünschte es nachdrücklich. Ich sagte ihr zunächst, daß Gott sie nach ihrem Gewissen richten werde, und nicht nach

Normen, die für sie und ihre Verwandtschaft einfachhin unverständlich seien.

In der Tat wurde mir, wiederum von Ordensfrauen, an verschiedenen Orden, in verschiedenen Ländern Afrikas gesagt, daß manche Frauen durch die harte Ablehnung der Leviratsehe unter den gegebenen Verhältnissen der Prostitution verfielen. Die Begegnung mit dieser Witwe in ihrer tragischen Situation wirkte auf mich wie ein Blitz. Sie gab mir aber auch eine Vorahnung von den vielen harten Fragen, die einen Moraltheologen, der als Wandermissionar nach Afrika kommt, bedrängen würden.

Begegnungen

In Tansania wirkte damals eine deutsche Missionsbenediktinerin, Matje. Als Rucksackmissionar für die katholischen Flüchtlinge der Diaspora hatte ich sie kurz nach Ende des 2. Weltkriegs kennengelernt. Sie war mir die erste und treueste Helferin dabei, die katholischen Flüchtlinge aufzusuchen und zur Teilnahme an der Mission einzuladen, die ich in einem gemieteten Tanzsaal hielt. Am Schluß der Mission dankte ich ihr herzlich für alle Hilfe. Da bekannte sie mir ihren Vorsatz: „Wenn es mir mit Gottes Hilfe gelingt, meine Mutter, meine zwei Geschwister und schließlich auch meinen Vater zum Glauben zurückzuführen, dann werde ich Missionsschwester." Nachdem ich im dritten Jahr dort die Tanzsaal-Mission gehalten hatte, sagte mir Matje: „Jetzt ist es soweit! Ich werde Missionsbenediktinerin!" Viele Jahre später, 1980, besuchte sie mich, als ich nach einer Totaloperation des Kehlkopfs in München bestrahlt wurde. Sie war – auch wegen Krebs – nach Deutschland zurückgekehrt und starb, wie man mir berichtete, am folgenden Fest des heiligen Alfons mit strahlender Bereitschaft.

Was wäre die Kirche, was wäre die Mission ohne Ordensschwestern!

Afrikanische Hilfsbereitschaft

Das Reisen in Tansania ist ebenso wie in anderen Ländern Afrikas kein reines Vergnügen. Immer wieder mahnte mich mein Fahrer (Missionar): „Watch your head! Gib acht auf deinen Kopf!", wenn es über rauhe Wegstrecken ging. Aber beim Reisen machte ich auch viele kostbare Erfahrungen.

Einmal standen wir allein auf weiter Flur, als wir beim Ausweichen auf einer schadhaften Straße von der Fahrbahn abkamen und in Sumpf gerieten. Unser Auto sank tiefer und tiefer. Stunden vergingen, ohne daß auf dieser „Straße" ein Auto kam. „Da werden wir wohl noch morgen auf Hilfe warten können", sagte ich zu meinem Begleiter. „Keine Sorge! Halb so schlimm!" kam es zurück. Und es dauerte nicht lange, bis wir einen Kopf auftauchen sahen. Der Afrikaner schien näher zu kommen, machte aber sofort kehrt, als er unsere Lage erkannt hatte. Bald darauf kam eine Gruppe starker Männer schnurstracks auf uns zu und machte sich unverzüglich daran, unseren Volkswagen aus dem Morast zu ziehen. Daraufhin strahlende Gesichter. Die Männer waren nicht weniger glücklich als wir. „Das ist Afrika", sagte der Missionar.

Erkundungslust

Die Afrikaner verfügen über ein erstaunlich gutes Nachrichtensystem. Sie haben scharfe Augen und Ohren und nehmen interessiert wahr, was um sie herum geschieht. Ein paar Beispiele: In einem anderen Land Afrikas, in das ich später kam, war der italienische Nuntius nicht recht zufrieden mit dem, was ihm der afrikanische Koch zubereitete. Wie ich meine, zu Unrecht. Denn ich fand die afrikanische Kost überall wohlschmeckend. Der Nuntius holte drei Ordensschwestern aus Italien, die seinen Haushalt besorgen sollten. Die Afrikaner wollten nun wissen, welche der Drei seine Frau sei. Und das läßt sich auf afrikanische Art leicht feststellen: die Frau, die das Essen auf den Tisch stellt, ist die Ehefrau. Etwas anderes gibt es in Afrika nicht. Deshalb wird man sich in einer Missionsstation hüten, Frauen als Köchinnen oder Haushälterinnen anzustellen. Doch was fanden die Afrikaner in bezug auf den Nuntius heraus? „Er hat drei Frauen, die ihm abwechselnd das Essen auf den Tisch stellen." – So geht es, wenn man afrikanische Sitten nicht kennt!

Wieder in einem anderen Land sagte mir ein Missionar, daß er mit einer Missionsschwester freundschaftlich verbunden sei und er sie gelegentlich auf ihrer weit entfernten Station besuche. Ich fragte ihn, ob dies den Afrikanern auffalle. „Ja, da ist das Problem. Die Afrikaner wissen, wenn irgendwie möglich fast alles, was wir tun, und manchmal sogar schon am Abend vorher, bestimmt aber am gleichen Tag. Und für sie bedeutet ein solcher Besuch höchstwahrscheinlich, daß die Schwester meine Frau ist."

„Beim Abendwind"

Die Orte, an denen ich Kurse gab, lagen weit auseinander. Ich konnte leicht beobachten, daß die Menschen erst am Abend so recht lebendig werden, zum Palaver zusammenkommen, zum Singen, zum Tanz, zum Geschichtenerzählen. Ost-Afrika hat ein großartiges Klima. Sobald die Sonne untergeht, wird es auf dieser weit ausgedehnten Hochebene angenehm kühl. Wenn ich dann die Menschen am Abend sah, wie sie Gemeinschaft suchten und pflegten, dachte ich an die Stelle im Buche Genesis 3,8: „Da vernahmen sie den Schritt Jahwes, der sich beim Abendwind im Garten erging."

„Die Brotvermehrung"

Ganz Ost-Afrika ist von Bantu-Stämmen besiedelt. Es fiel mir bald auf, daß die Menschen zum Teil sehr klein sind; dann aber, kaum eine Stundenreise weiter, auch recht hochgewachsen und stark, so besonders auffallend in der Gegend um den Viktoriasee. Die Erklärung: In der Nähe von Seen und Flüssen ernähren sich die Menschen zu einem Gutteil von Fischen, während sonst pflanzliche Kost vorherrscht. Als wir uns dem Viktoriasee näherten, staunte ich über die auf einmal schön gebauten Dörfer vor uns. Auf meine Frage erfuhr ich, daß dies mit der Fastenaktion Misereor zusammenhängen würde. Einzelne Dörfer erhielten bessere Fischereigeräte und auch Einrichtungen zur Fischkonservierung mit der Auflage, den erzielten Erlös baldmöglichst an die Nachbardörfer weiterzugeben, um auch dort den gleichen Fortschritt zu ermöglichen: eine wahre Brotvermehrung.

Ähnliche Beobachtungen machte ich in verschiedenen anderen Ländern. Etwas, was mir besonders im Gedächtnis blieb, betrifft nicht Afrika, beleuchtet aber den gleichen Sachverhalt: Ich gab einen Kurs in Tirutschirapalli in Südindien. Ein Missionar, der wie ich aus Schwaben stammt, lud mich zum Abendessen im Seminar ein. Wir fuhren durch eine absolut kahle Wüste. Mein Landsmann forderte mich auf, gut hinzusehen, denn so öd und leer sei auch das Gebiet gewesen, auf dem jetzt das Seminar stehe. Dort traf ich ein wahres Paradies: alles in saftigem

Grün, Bananen und andere Fruchtbäume, gut genährtes Vieh. Aber nicht nur das. Im weiteren Umfeld des Seminars gab es mehrere blühende landwirtschaftliche Betriebe. Auch hier galt das gleiche Prinzip wie am Viktoriasee: Wer einen Brunnen und bewässertes Land erworben hat, hilft satzungsgemäß einer anderen Familie, ebenso einen Brunnen zu bauen und einen Landstrich fruchtbar zu machen.

Einst „ein Hoffnungsträger": Uganda

Bei meinem ersten Besuch in Uganda machte dieses Land auf mich den Eindruck eines afrikanischen Hoffnungsträgers. Die Menschen schienen zufrieden, ja glücklich zu sein. Die Christianisierung hatte große Fortschritte gemacht. Katholiken und Anglikaner freuten sich über den soeben beim Konzil erreichten ökumenischen Fortschritt. Ich staunte über die Sauberkeit und den relativen Reichtum in der Hauptstadt Kampala. Es war zu sehen, daß die Inder einen nicht geringen Beitrag dazu geleistet hatten. Vor meiner Reise nach Ost-Afrika hatte ich bewußt die Wohnviertel der Schwarzen in Philadelphia und New York besucht. Ich mußte dabei feststellen, daß Nairobi, Kampala und andere größere Orte in Ostafrika einen viel menschlicheren Eindruck erwecken als diese Gettos in Amerika von damals. Als ich jedoch gegen Ende der Herrschaft des Tyrannen Idi Amin wieder nach Uganda kam, war das Bild überaus traurig. Man hatte die Inder verjagt, die afrikanischen Stämme entzweit. Die Stadt bot ein Bild des Jammers.

Julius Nyerere

Die ostafrikanischen Länder, die ich kurz nach dem Konzil besuchte, blieben fest in meinem Gedächtnis. Dafür sorgten auch die jungen Priester aus diesen Ländern, die in den folgenden Jahren an der Academia Alfonsiana meine Studenten wurden und zum Teil bei mir promovierten. Ich nenne hier nur als ein Beispiel Polykarp, der vom Episkopat Tansanias nach Rom geschickt wurde mit dem Auftrag, bei mir zunächst über die Bedeutung der Basisgruppen eine Lizenziatsarbeit zu schreiben und dann eine Untersuchung über das Thema „Kirche und afrikanischer Sozialismus". Schon vorher hatte ein europäischer Missionar bei mir über die Ideen und Visionen von Julius Nyerere, dem damaligen Präsidenten Tansanias, eine Doktorarbeit zu schreiben, die Nyerere sehr gefiel. Polykarp wurde bald Rektor eines großen Seminars, bei allen beliebt, später ein angesehener Bischof.

Ich habe das ungute Gefühl, daß die deutsche Presse Nyerere, diesem großen Afrikaner und Christen, zu einem großen Teil nicht gerecht geworden ist. Man hat ihm wohl nicht ganz verziehen, daß er gegenüber Ländern, die Entwicklungshilfe gaben, sehr auf die Würde des afrikanischen Menschen bedacht war. Bei den Missionsschwestern, und ähnlich auch bei dem Großteil der ausländischen Missionare, stand er hoch in Ehren. Am Bruttosozialprodukt gemessen, war seine Politik nicht sehr erfolgreich. Doch das Leben der Mehrheit der Bevölkerung war bei aller Armut gesünder und glücklicher als unter anderen Systemen. Sein „Sozialismus" hatte nichts zu tun mit Marxismus und mit dem „realen Sozialismus" in der Sowjetunion und in den Trabantenstaaten. Es war ein großartiger Versuch, den ererbten afrikanischen Gemeinschaftsgeist mit christlichen Gedanken zu verbinden.

Nyerere hat den Beitrag der Mission für die Entwicklung seines Landes sehr hoch eingeschätzt. Wie ich meine, zu Recht. Die katholischen Missionsstationen haben auch sozio-ökonomisch ausgestrahlt. So lernte man dort zum Beispiel einen fortschrittlichen Gartenbau. Wann immer wir in eine Gegend kamen, in der erstrangige Fruchtbäume, wie der Mangobaum, zum Landschaftsbild gehörten, wußte ich, daß wir uns einer Missionsstation näherten.

II
In Sambia und Malavi

Nach meinen ersten Gehversuchen in Afrika erhielt ich eine ganze Reihe neuer Einladungen von Instituten, Bischöfen und Missionsorden. Meine nächste größere Afrikareise galt Sambia und Malavi, also wiederum Ostafrika mit seinem angenehmen Klima und seinen liebenswürdigen Menschen.

Für Sambia wollten die Bischöfe theologische Intensivkurse in jeder Diözese, jeweils unter Beteiligung des Ortsbischofs und der Seelsorger und Seelsorgerinnen. Man hatte mich in Rom informiert, daß ich das Visum für Sambia am Flughafen erhalten werde. Ich mußte lange warten. Der zuständige Beamte gab mir zu verstehen, daß diese Formalitäten nicht so einfach gingen. Wollte man von mir ein Vorausgeschenk, ein „Schmiergeld"? Das konnte ich mir vor meinem Gewissen nicht leisten, schon gar nicht als Priester. Es schien, daß ich den schon gebuchten Flug nach Malavi versäumen müßte. Da tauchte plötzlich der fast zwei Meter große Sekretär der Bischofskonferenz auf, ein Pater aus England. Es war ein wirkliches Schauspiel, zu sehen, mit welch gemessener Ruhe und Autorität der hochgewachsene Brite dem afrikanischen Beamten befahl, mich keinen Augenblick mehr warten zu lassen und mir umgehend das Visum zu geben. Widerspruchslos gehorchte der Mann, der mir gegenüber seine Autorität auszuspielen versucht hatte. Im Laufschritt folgte ich dem Briten zu meinem Flugzeug. Niemand hielt ihn oder mich auf. War es noch ein Stück Kolonialismus „im guten Stil" oder war es das Ansehen des Sekretärs der Bischofskonferenz? Vielleicht eine Mischung.

Im Priesterseminar von Katschaberri

Meine erste Arbeit war ein intensiver Wochenkurs für Seminaristen aus Sambia und Malavi, die damals noch zusammen ausgebildet wurden. Wie immer in Afrika fühlte ich mich bei den jungen Theologiestudenten sehr wohl. Sie waren voller Interesse für die Hauptanliegen des Zweiten Vatikanischen Konzils, insofern sie Afrika betreffen. Es entwickelte sich ein beglückender Dialog bei freimütigster Äußerung von Zweifeln und Anfragen. Die Professoren und die Seminarleitung nahmen lebhaft teil, aber so, daß das Klima des Freimuts der Studenten in gar keiner Weise beeinträchtigt war.

Zu den Mahlzeiten gab es morgens, mittags und abends Maisbrei, gewürzt mit den verschiedenen, wohlschmeckenden Kräutern aus dem großen, gut gepflegten Garten, den ein kanadischer Bruder unter sich hatte; er hatte es auch gewagt, das Seminar und ein Exerzitienhaus mit örtlichen Baumaterialien zu errichten, und dies mit erstaunlichem Erfolg. Die

Leistungen der Missionsbrüder wären ein eigenes Kapitel wert.

In der folgenden Woche weitete sich der Kreis: Priester, Ordensschwestern, engagierte Laien. Es ist mir heute noch ein Rätsel, wo und wie sie alle untergebracht wurden. Beim Essen gab es jetzt Auswahl: in reichem Maß Maisbrei mit beigefügten Kräutern oder in geringerer Menge europäische Kost. Ich hielt mich treu an den Maisbrei und hatte dabei den Eindruck, daß die Studenten aufmerksam zusahen. Daß dies zutraf, sagten sie mir am Schluß ganz direkt: „Wir haben dich genau beobachtet. Wenn du europäisches Essen bevorzugt hättest, wäre deine Botschaft zum Teil entwertet worden." Auf der anderen Seite hatte ich volles Verständnis für die Missionare aus Europa oder Amerika, die es einfach nicht durchhalten können, jahraus jahrein mit der afrikanischen Kost zu leben, zumal sie meist ziemlich einseitig ist. Für mich war es schon deshalb kein Problem, weil es ja als Nachtisch gute afrikanische Früchte gab. Das Programm „Afrikanern ein Afrikaner werden" ist freilich unendlich mehr als Umstellung auf afrikanische Küche. Aber dieser Punkt ist halt ein sehr augenfälliges Symbol.

Meine Auftraggeber hatten mir schon vor meiner Ankunft die Hausaufgaben genannt: Antworten auf die Fragen, die für sie am brennendsten sind. Dazu gehörte vor allem meine Stellungnahme zur Stufenehe und zur Evangelisierung der polygamen Familien. Ich werde in anderem Zusammenhang noch auf die für mich überraschende Tatsache zu sprechen kommen, daß fast alle afrikanischen Priester aus polygamen Familien stammen, oder, wie sie mir sagten, daß „sie zwei oder drei Mütter haben". Für Nordsambia, wo der große Stamm der Bemba lebt, gab es die besonders delikate Frage des „Buppiani", einer entarteten Form der Leviratsehe. Man schickte mir auch ziemlich viel Literatur und detaillierte Fragen zu, damit ich mich vorbereiten konnte.

Zur Stufenehe

Plumpes europäisch-amerikanisches Denken sprach von „Probeehe". So verschieden die einzelnen Formen und Schritte der afrikanischen Stufenehe (mariage en étappes), so grundverschieden sind die beiden Begriffe. In allen Stämmen, die ich aus der Literatur oder mit Hilfe meiner Studenten und/oder afrikanischer Katechisten studierte, ist der Stufenehe eines gemeinsam: der Weg zur Ehe, die am Schluß unwiderruflich sein soll, hat viele Schritte. Sie sind jedoch alle durch die Tradition festgelegt. Alles geschieht unter der Kontrolle der betreffenden Familien und der Ältesten wie auch der öffentlichen Meinung. Der Brautpreis, die Gabe an die Ursprungsfamilie ist bei patriarchalen und patrilinearen Stämmen ziemlich hoch, vor allem deshalb, weil die erwarteten Kinder unwiderruflich der Familie des Mannes zugehören. Der Brautpreis ist auch Ausdruck der Dankesschuld für die gute Erziehung und die geschätzten Fähigkeiten der Braut. Ob und wann vor den entscheidenden Schritten oder der endgültigen Schließung des Ehebundes ehelicher Verkehr stattfinden kann, ist von Stamm zu Stamm verschieden; nach echt afrikanischer Sitte und Moral jedoch keine willkürliche Entscheidung der jungen Partner.

Die Fakten, die man mir vorlegte, waren im allgemeinen folgende: Ein Großteil der jungen Paare weigert sich, die kanonisch vorgeschriebene Trauung unter Vernachlässigung der afrikanischen Gestalt der Stufenehe zu schließen. Jene Ehen, die unter Vernachlässigung der traditionellen Stufen geschlossen werden, sind die brüchigsten, wenigstens in mehreren Gegenden. Werden Paare, die ohne kanonische Eheschließung zusammenleben, von den Sakramenten ausgeschlossen, so entfremden sich dadurch die jungen Familien von der Kirche.

Mein Lösungsvorschlag, den ich ausführlich und schriftlich darlegte, war: Die Kirche soll es nicht nur dulden, sondern gewöhnlich und ausdrücklich billigen, daß man sich an die afrikanischen, von der Stammestradition festgelegten Schritte halte. Die jungen Paare sollen diese Phase als Ehekatechumenat ansehen und in dieser Zeit an der Schulung für christliches Ehe- und Familienleben teilnehmen.

In den meisten Stämmen, die wir studiert haben, wird die Ehe als unwiderruflich (also „unauflöslich“) angesehen mit der Übergabe des letzten Teiles des Brautpreises, die gewöhnlich nach der Geburt des ersten Kindes erfolgt, in einigen Stämmen nach der Geburt des ersten Knaben (das bereitet schon größere Schwierigkeiten).

Ich kam nach allem Studium und all den vielen Diskussionen zu der Überzeugung, daß zum mindesten bei den Bantu-Stämmen (gut 50 Prozent der Schwarzafrikaner) eine Ehe erst dann als unauflöslich angesehen wird, wenn ein Kind geboren ist, auch wenn sie geschworen haben sollten, daß sie als Christen eine andere Überzeugung haben und anders leben wollen. Es steht sozusagen in ihrem Erbgut eingeschrieben. Auf lange Sicht ist in diesem Punkt wohl nicht viel zu ändern. Leider.

In Sambia oder Malavi habe ich von einem Paar gehört, das gegen allen Druck von außen 19 Jahre zusammengeblieben ist, und dann zur Überraschung aller doch noch ein Kind hatte. Ich machte eine ziemlich weite Reise, um ostentativ dieses Paar zu ehren. Mir ist das der einzig gangbare Weg, einen Wandel vorzubereiten. Ich wurde herzlich empfangen. Drei „Hebammen", wenn man sie so nennen will, kümmerten sich solidarisch um das Kind und seine Mutter: „Dieses Kind darf nicht sterben."

Mein Vorschlag ist im wesentlichen also: nicht mit Verboten und nicht mit Erzwingen des europäisch geprägten kirchlichen Eherechts arbeiten, sondern echte Inkulturation in christlichem Geist.

Die polygamen Ehen

Auf die Frage der Pastoral der Polygamen werde ich später noch zurückkommen. Ich fasse kurz zusammen, was ich in Katschaberri vertrat oder ostentativ vorlegte: Monogamie als verbindliches Ideal, doch keine Zerrüttung stabiler polygamer Familien als Bedingung für die Taufe, wenn diese Menschen guten Gewissens diese Ehen vor ihrer Evangelisierung geschlossen haben. Man bedenke vor allem die Situation des Dorfvorstehers und der Häuptlinge: Da es in Afrika einfach als unsittlich gilt, weibliche Angestellte im Hause zu haben, braucht ein Häuptling zwei bis drei Frauen zur Erfüllung seiner von der Tradition festgelegten sozialen Verpflichtungen.

Die Wahrheit, die der Häuptling hören will

Die Diskussion war wie immer sehr lebendig. Zwei Gruppen standen sich gegenüber: auf der einen Seite die Missionare, auf der anderen Seite die Katechisten, Schwestern und die meisten afrikanischen Priester und die Studenten. Die erste Gruppe bestand darauf, daß man das jetzt nicht mehr ändern kann, sonst würden die Leute an der Kirche irre. Die andere Seite hielt dem entgegen: die Leute wissen schon lange, daß die Praxis der Kirche nicht brauchbar ist. Sie würden die Kirche noch sehr viel mehr lieben, wenn sie bereit wäre, die Dinge zusammen mit dem Volk neu zu überlegen, um das jeweils Beste, dem Menschen Zumutbare, zu suchen.

An diesem Punkt wagte ich in der Diskussion eine vorsichtig ausgesprochene Hypothese. Diese lautete so: In Afrika sagt man dem Häuptling seine Wahrheit, d.h. die Wahrheit, die er hören will. Macht er klar, daß er die Wahrheit sucht, indem er auf die Leute ernsthaft eingeht, sagt man ihm, was man denkt. Nun aber sind in den Augen der Afrikaner der Bischof, der Pfarrer, vor allem der weiße Missionar „Häuptlinge". Dagegen ist der junge afrikanische Kaplan, die weiße und die afrikanische Schwester durchaus kein Häuptling. Man sagt ihnen gerade heraus, was man denkt. Ich fürchtete heftigen Widerspruch und war erstaunt, als mir alle sagten: „Ja, so ungefähr ist es!" Die Stimmung war eindeutig: Die Kirche kann nur gewinnen, wenn alle, die etwas zu sagen haben, sich wirklich sagen lassen, was die Leute denken.

Feierlicher Empfang bei einem Häuptling

Pater Hamlin, ein „Weißer Vater" aus Kanada, der in Rom mein Hörer war, erzählte einem befreundeten Häuptling von meinem Besuch in Malavi. Der Häuptling wollte es sich nicht nehmen lassen, den Lehrer seines Freundes zu ehren. Also fand für mich ein feierlicher Empfang statt. Er gab mir eine Idee von der afrikanischen Begabung zum Feiern von Festen. Das Erste war, daß mich der Häuptling einlud, auf seinem Stuhl Platz zu nehmen. Der Stuhl ist ein Symbol der Autorität. Dann kamen die Männer Mann für Mann in einem langen Zug, um den Gast durch Verneigung zu begrüßen. Darauf folgten die festlich gekleideten Frauen, die sich nicht nur verneigten, sondern sogar niederknieten. Die Kinder blieben zunächst im Hintergrund. Vor dem versammelten Stamm folgte die feierliche Begrüßung durch den Häuptling, in englischer Sprache. Nach meinem Dankeswort umringten mich die Kinder als Zeichen dafür, daß ich nun einer von ihnen war. Die Vornehmheit der ganzen Zeremonie war beeindrukkend; auch ein Zeichen dafür, daß man zum Feiern Zeit hat.

Die Rolle der Frau

In Malavi gibt es noch rein matriarchalische Stämme. Fragte ich einen jungen Mann, wo und was er arbeite, so war die Antwort: „Ich arbeite im Garten meiner Mutter." Und auf die Frage: „Wo arbeitet dein Vater?", kam die prompte Antwort: „Im Garten meiner Mutter." Doch viele Männer arbeiteten nicht mehr als Hackbauern mit ihren Frauen. Um Geld zu verdienen, ließen sie sich zur Arbeit in den Minen von Südafrika anwerben. Ich hörte viel von diesem Problem. Nach einiger Zeit meldeten sich immer weniger Männer. Sie fanden eine andere Frau, da sie ja ihre Familie nicht nach Südafrika mitbringen durften.

Meine Arbeit in Sambia begann im Norden des Landes, in dem der große Stamm der Bemba lebt. Teile des Stammes sind auch in Nachbarländer gezogen. Es ist ein hochbegabter Stamm, wenn auch nicht auf dem Gebiet der Technologie. Es wurde mir gesagt, daß die Sprache dieses Stammes sehr viele

Wörter mit vielen feinen Nuancen hat. Er ist eine typische Mischung von matriarchalem Hackbauerntum und hochorganisiertem Jägertum. Die Totem-Jäger, die vor weniger als zwei Jahrhunderten in dieses Gebiet mit matriarchaler, gewaltfreier Kultur eindrangen, waren gegenüber den Urbewohnern eine Minderheit, doch sie rissen die Macht an sich. Man spürt aber noch etwas von der Höflichkeit und Gewaltfreiheit der ursprünglich rein matriarchalen Kultur.

Das Problem des Buppiani

Lange vor meinem Besuch im Bemba-Land erreichte mich in Rom das Ersuchen, über das dortige Problem des Buppiani nachzudenken. Man sandte mir ziemlich viel Material. Was ist der Kern des Problems?

Stirbt ein Mann, so wird der Witwe drastisch bewiesen, daß sie der Großfamilie des verstorbenen Gatten gehört. Bevor sie in die Freiheit entlassen wird, in die mütterliche Familie zurückzukehren, muß sie sich dem Geschlechtsverkehr mit dem Mann oder den Männern unterziehen, die eventuell auf sie Anspruch erheben wollen. Die junge Kirche im Bemba-Land hat diese grausame Unsitte streng verurteilt und unter Sanktionen verboten, doch mit sehr geringem Erfolg. Den Frauen wurde und wird gesagt, daß sich der Geist ihres verstorbenen Mannes an ihr, ihrer Sippe und ihren Kindern rächen wird, wenn sie sich der Sitte nicht unterwerfe. Wer widersteht, muß mit Mißhandlungen, ja sogar mit Freiheitsverlust rechnen.

Nach meiner Ansicht ist Buppiani ein sakralisierter Überbau zugunsten des Strebens des extrem patriarchalisch gesinnten und strukturierten Stammes von Totemjägern, um sich gegen die mehrheitlich ursprünglich matriarchale, matrilokale und matrilineare Kultur durchzusetzen. Mein pastoraler Rat war: man sollte diese Hintergrundzusammenhänge ins volle Bewußtsein der ganzen Bevölkerung bringen, um so die notwendige Desakralisierung dieses quasi-religiösen Überbaus zu erleichtern. Ein weiterer Schritt: man sollte alle, die den Mut haben, sich dieser Unsitte zu widersetzen, als die neuen Stammväter einer neuen Kultur und nach ihrem Tod als hochgepriesene Ahnen verehren. Aus diesem Grund unternahm ich eine ziemlich große Reise, um ein Ehepaar zu würdigen, das sich unter schweren Drangsalen wirksam widersetzt hatte. Die Begegnung war für mich ein Erlebnis. Die guten Leute waren erfreut, daß wir sie besuchten, um sie zu ehren und von ihnen zu hören, wie sie die Überzeugung und Kraft fanden, die Prüfung durchzustehen.

„Sei schöpferisch!" – Ökumenismus von unten

Einer der Kurse fand im Missionshaus der Weißen Väter in der Pfarrei St. Peter statt. Die Pfarrei zählte weit über 10000 Gläubige, besaß jedoch nur eine kleine Kapelle, so daß die Gottesdienste bei Regen und brennender Sonne im Freien gefeiert werden mußten. Der Pfarrer sagte mir, an einen Kirchenbau sei jetzt nicht zu denken; die Pfarrei sei arm, und der einheimische Erzbischof stehe ständig vor einer leeren Kasse. Er habe leider keine Beziehungen zu Deutschland. Beim Abschied gab ich dem Pfarrer einen bescheidenen Scheck als Baustein und fügte hinzu: „Be creative" – „Sei schöpferisch!" Von Zeit zu Zeit kam ein Brief vom guten Pater, der aus Nordirland gebürtig war, mit schlechten Nachrichten bezüglich des so sehr ersehnten Kirchenbaus. Jedesmal antwortete ich mit einem bescheidenen Scheck und mit der Ermunterung: „Sei schöpferisch!" Schließlich schrieb er mir: „Sag mir doch, was das heißt, schöpferisch sein!" Meine Antwort: „Ruf einmal deine ganze Pfarrei zusammen und frag die Leute." Er tat es. Die Antwort war prompt: „Ruf alle Christen aller Kirchen der Gegend zusammen. Dann werden wir zusammen die Antwort geben." Und diese war eindeutig: „Wir wollen alle einmütig eine Kirche bauen. Bis zu dem Tag, an dem die Kirchen sich endlich wieder vereinen werden, wird es uns nicht allzu schwer fallen, über die Zeiten einig zu werden, zu denen wir entweder gemeinsam oder getrennt Gottesdienst feiern werden." Ein Jahr später erhielt ich ein Photo der großen, schönen Kirche. –

Einige Jahre später stellte sich mir in Rom ein junger Priester aus Sambia vor, der zum Stamm der Bemba gehörte. Ich fragte ihn, ob er die Pfarrei St. Peter kenne. Seine Antwort war: „Ich stamme aus dieser Pfarrei; alle Christen dieser Gegend wissen, wer Pater Häring ist." Es ist Peter Lwaminda, ein Priester, der die feine Höflichkeit, aber auch die Energie der ursprünglichen Bemba-Kultur ausstrahlt. Er schrieb unter meiner Leitung sowohl die Lizenziatsarbeit als auch die Doktordissertation, wurde bald Rektor des großen Seminars von Lusaka und später Generalsekretär aller ostafrikanischen Bischofskonferenzen. In dieser Funktion leistete er nicht weniges für die ökumenische Zusammenarbeit; so war er zum Beispiel die treibende Kraft zu einer gemeinsamen Erklärung über dringende Fragen und Aufgaben, die die Hilfe für die AIDS-Kranken an die Kirchen stellt.

Begegnung mit den Schwestern – ökumenische Hoffnungszeichen

In Lusaka konnte ich auch einige Vorträge für die Schwestern halten. Ich traf an verschiedenen Orten Missionsdominikanerinnen von Strahlfeld, die aus meiner Heimat, zum Teil sogar aus meiner Heimatpfarrei stammten. Als ich sonntags in der Kathedrale von Livingstone zelebrierte, sprach mich die Sakristanin an. Ich merkte an ihrem Englisch den heimatlichen Akzent. Sie kam aus einem Nachbardorf meiner Heimat. Diese tatkräftigen Schwestern leisten unglaublich viel für die Menschen, nicht zuletzt für diejenigen, die an den Rand gedrückt sind.

Während eines Vortrags in Lusaka wurde ich nach meiner Beurteilung der Lage in Rhodesia gefragt. Ich nahm kein Blatt vor den Mund angesichts dieses letzten sinnlosen Aufflackerns des Kolonialismus und Rassismus. Eine Schwester protestierte leidenschaftlich und nannte Ministerpräsident Smith einen vorbildlichen Christen. Statt einer Antwort stellte ich die Frage: „Täusche ich mich, wenn ich vermute, daß sie die Tochter eines weißen Farmers mit annähernd tausend Hektar Land sind?" – „Wer hat Ihnen das gesagt?"

In Lusaka besuchte ich auf Einladung des anglikanischen Bischofs die neu gebaute Kathedrale. Er selbst begleitete mich. Nach dem Eintritt in die Kathedrale führte er mich zuerst in die Sakramentskapelle und kniete dort zu einer kurzen Anbetung nieder. Für mich war es wieder eine dieser beglükkenden Erfahrungen, wie nah sich die Kirchen doch stehen.

Weinen mit den Aussätzigen

Einer meiner Kurse fand in einer Pfarrei statt, in der eine große Kolonie von Aussätzigen und ehemaligen Aussätzigen liegt. Der erste, der mich ansprach, war der Pfarrer, ein junger afrikanischer Priester, der diese Menschen betreut. Er erzählte mir, daß diese ehemaligen Aussätzigen selbst eine große Kirche gebaut haben. Doch zur Kommunion könnten nur ihre Kinder gehen und die privilegierten Wenigen, deren erster Gatte gestorben ist. Kaum einer der Geheilten kann zu seiner Familie zurückkehren, denn in Sambia ist es wie im alten Israel: Der Aussätzige gilt für die Familie als Toter, und seine Ehe ist damit zu Ende gekommen. Darum verheiraten sich die ehemaligen Aussätzigen untereinander und bleiben in dieser Kolonie, in großer Anhänglichkeit zur Kirche aufgrund der Liebe, die ihnen katholische Schwestern erwiesen haben. Er erzählte mir mit sichtbarer Teilnahme, daß die Leute oft zu ihm kommen und weinen, weil sie nicht zur Kommunion zugelassen werden. Ich fragte, was er ihnen erwiderte. Seine Antwort war: „Ich weine mit ihnen und bringe kein Wort heraus."

Selbstverständlich brachte ich dieses Anliegen während des Kurses für die Seelsorger der betreffenden Diözese zur Sprache und plädierte nachdrücklich für die Zulassung dieser geprüften Menschen zu den Sakramenten. Dabei erinnerte ich daran, wie Jesus den Aussätzigen gegenüber Tabus und Gesetze brach, sie in Liebe berührte, und auch daran, daß diese Menschen sich nicht der Sünde der Scheidung schuldig gemacht haben. Es ist die Tradition und geltende Sitte, die ihre Ehe für tot erklärt. Ein Missionar aus Holland widersprach mir heftig: „Gesetz ist Gesetz. Auch diese Leute müssen das Gesetz halten, solange ihr rechtmäßiger Gatte noch lebt!" Viele waren sprachlos. Der afrikanische Bischof und der Seelsorger der Station gaben gemeinsam die Antwort: minutenlang weinten sie so, wie man in Afrika bei einer Totenklage weint. Noch schluchzend fragte der afrikanische Bischof den Missionar aus Holland: „Beobachten Sie immer das große Gesetz der Liebe?" Das Weinen war beredt, gut interpretiert durch diese

Frage. Schließlich waren sich alle einig, daß es sicher nicht der Intention und der Art Christi entspricht, diese leidgeprüften Menschen von der Kommunion auszuschließen.

Es ist mir ein Trost, daß in einigen Leprakolonien täglich für mich und mein Apostolat gebetet wird, und zwar nicht nur vor allem deshalb, weil Gelder meiner Wohltäter dorthin geflossen sind, sondern auch weil ich ihre Zulassung zu den Sakramenten unermüdlich vertrete.

„Wer ist krank im Kopf?"

Selbstverständlich fand einer der Kurse auch in dem dicht besiedelten Cupperbelt statt. Dort arbeiten und leben Tausende von Familien, die durch die Kupferminen ihren Unterhalt verdienen. Es gibt dort genug Kirchen, so daß alle am Sonntag den Gottesdienst besuchen könnten. Eine Gruppe von Männern und Frauen aus dem Bembastamm kam zu mir und fragte: „Wer ist krank im Kopf, wir oder unser hiesiger Pfarrer? Im Bembaland kam der Priester höchstens zwei oder drei Mal in unsere Gegend. Und man versicherte uns, daß wir in den Himmel kommen können. Und nun sagte uns der Pfarrer hier, daß wir riskieren, nicht in den Himmel zu kommen, falls wir nicht sechzigmal im Jahr die Messe besuchen."

Zölibat und kultureller Kontext

Ich kam auch in das Gebiet des Stammes der Lousy; ein Stamm, der ganz und gar von der Tradition der Totemjäger geprägt ist. Dazu gehört auch eine aggressive Sexualität und exzessive Polygamie. Ich kam durch ein Dorf, in dem die Kreuzschwestern eine Schule versorgen. Sie sagten mir, daß die annähernd 120 Kinder alle den gleichen Vater haben, einen wohlhabenden Mann, der jeder Frau eine Hütte bauen läßt und auch die Schule unterhält.

Die Kapuziner-Missionare haben im Stammesgebiet ein kleines Seminar. Sie fragten mich: „Was machen wir falsch? Von den mehr als vierhundert Schülern, die wir im Seminar unterrichtet und erzogen haben, hat kein einziger den Priesterberuf gewählt." Meine Antwort: „Das ist sicher nicht eure Schuld. Es ist einfach undenkbar, daß aus einer auch sexuell aggressiven Kultur im Verlauf einer Generation der Zölibat gedeihen kann."

Die Fähigkeit zum Zölibat innerhalb bestimmter Kulturen ist bekanntlich ein weltweit bedeutsames Problem. Aus diesem Grund, wenn auch nicht ausschließlich, hatten die Indios in Südamerika bis in unsere Zeit keine inkulturierten Priester. Andererseits hat man das Risiko, daß der Zölibat trotz allen guten Willens nur sehr unvollkommen eingehalten wird, auf sich genommen. Dies gilt auch für einzelne Stämme in Afrika. Gleichwohl kenne ich auch Stämme, von denen mir europäische Ordensfrauen, die dort wirkten, versichern, man habe nie oder nur sehr selten von Verstößen gegen den Zölibat gehört. Eines steht für mich fest: man darf nicht verallgemeinern. Dennoch bleibt das Problem der kulturellen Voraussetzungen für die Selbstverpflichtung auf den Zölibat wie auch der freiwilligen Übernahme des Zölibats als Voraussetzung für ein einheimisches Priestertum.

Ein Bischof eines anderen Landes Afrikas richtete an mich die schriftliche Anfrage, ob er es – auch mit dem Risiko eines schweren Konflikts mit Rom – nicht wagen soll, seine bewährtesten und geeignetsten Katechisten zu Priestern zu weihen, um so dem Großteil seiner ausgedehnten Diözese wenigstens teilweise regelmäßige Teilnahme an der Eucharistie zu ermöglichen. Er verwies nachdrücklich darauf, daß die Mitfeier, und zwar die mehr oder weniger regelmäßige Mitfeier der Eucharistie, zu den Grundrechten der Getauften und zu den Herzensanliegen Jesu gehöre. Ich riet ihm jedoch nachdrücklichst von einem solchen Schritt ab. Man komme dem erwünschten und von Gott sicher gewollten Ziel auf andere Weise wohl besser und schneller näher. Ein solcher Schritt wäre meines Erachtens die feierliche Sendung und Segnung der befähigten Katechisten zur Feier der Taufe und insbesondere zur Feier des Wort- und Kommuniongottesdienstes. Diese Handlungen unterliegen nach kanonischem Recht nicht der speziellen Approbation durch römische Behörden, könnten also sehr afrikanisch gestaltet werden. Würden viele Diözesen solche Schritte einmütig vollziehen, käme schließlich die einfache Frage in

Rom an: „Warum müssen denn eigentlich diese Katechisten die oft lang andauernde und teure Reise von über fünfzig Kilometern machen, um konsekrierte Hostien abzuholen und aufzubewahren?"

Hier erlaube ich mir, eine Geschichte Papst Johannes' XXIII. zu erzählen, die ich von dem Arbeiterweihbischof Ancel gehört habe. Nach dem feierlichen Erlaß „Veterum Sapienta", wonach in aller Welt Theologie in lateinischer Sprache studiert werden müßte, wurde Ancel vom französischen Episkopat beauftragt, dem Papst seine Bedenken vorzutragen. Der Papst wunderte sich nicht und antwortete gelassen mit einer seiner Geschichten: Von den Bergen von Bergamo kam Giorgio und beklagte sich, daß seine Berggemeinde den Winter hindurch oft ohne Messe sei, weil die Wege für den Pfarrer nicht begehbar seien. So bot sich Giorgio an, Meßpriester zu werden. Er könne die Messe auswendig mit allen Zeremonien, auch wenn er die lateinische Sprache nicht verstehe. Dem Bischof gefiel Giorgio. Doch er mußte ihn darauf hinweisen, daß verheiratete Männer nicht geweiht werden dürfen. Übers Jahr kam Giorgio zum Bischof zurück und sagte ihm: „Du hast mir gesagt, daß Du mich gern weihen würdest, dem aber meine Frau im Wege steht. Nun ist Margarita heimgegangen ins Paradies." Giorgio bestand die Prüfung und wurde vom Bischof geweiht. Die Leute im Bergdorf waren mit ihm sehr zufrieden. Doch eines Tages kam Giorgio in die Stadt und feierte in der Stadtpfarrkirche die Messe. Am Schluß hörte er in der Sakristei andere Priester zu ihm sagen: „Prosit!" Darauf fragte er einen von ihnen, was dies bedeute. Der Schelm antwortete: „Das ist ein schlimmes Schimpfwort." Als Giorgio am nächsten Tag wieder dieses Wort hörte, antwortete er zornig und mit geballter Faust: „Ein Prosit für euch da!" Papst Johannes schloß: „Sollte ein Priester nicht verstehen, was ein ‚prosit' bedeutet?" Doch dann wurde er ernst und sagte zum Arbeiterbischof: „Ich hoffe, daß Gott mir diese Sünde des Nachgebens gegenüber meiner Kurie verzeihen wird."

Man könnte einwenden, daß der Diakon für verheiratete Männer ein Stück Weg zu einer Lösung wäre. Doch findet er in Afrika offenbar keine Zustimmung, was leicht erklärbar ist, wenn man die afrikanische Kultur kennt. Nach der jetzigen Regelung müßte der zum Diakon geweihte Katechist nach einem eventuellen Tod seiner Frau zölibatär leben. Und eben dies ist in afrikanischer Kultur nicht denkbar. Ich möchte nur darauf hinweisen, daß es in Afrika unmöglich ist, eine nicht verheiratete Frau im Männerhaushalt zu beschäftigen.

Afrikanische Geburtenkontrolle

Als ich kurz nach Veröffentlichung der Enzyklika *„Humanae Vitae"* in Sambia war, wurde mir von einem führenden Laien die Frage gestellt, was Papst Paul VI. wohl zu ihrer Methode sagen würde, die Abstände zwischen den Schwangerschaften zu regeln. Der Mann stellte sich als Vater von sechs Kindern vor. „Jedes Kind ist für uns", so betonte er, „ein unschätzbares Geschenk Gottes." Eine afrikanische Mutter kann normalerweise nicht ein Kind stillen und ein neues werdendes Leben mit ihrem Mutterblut ernähren. Vor allem bei den Bantustämmen gilt es als ein schweres Versagen, wenn eine Frau schwanger wird, solange sie noch ein Kind an der Brust stillt. Es gibt traditionell keine andere Babynahrung.

Jede Mutter unterrichtet ihre Tochter vor der Ehe, spätestens aber nach der Geburt des ersten Kindes, wie sie ihrem Gatten helfen kann, am ehelichen Verkehr volle Freude zu haben, ohne die Folge einer neuen Schwangerschaft. Die ausreichenden Abstände zwischen Schwangerschaften werden erreicht durch regelmäßiges Stillen des Kindes an der Mutterbrust, das meist bis zu zwei Jahren dauert, und durch den rechtzeitig abgebrochenen Geschlechtsakt. Es ist das, was man irrtümlich Eheonanismus nannte und aufgrund einer falschen Schriftausdeutung als Verbrechen ansah; so noch die Enzyklika „Casti connubii" (vgl. Gen. 38,1–26). In Wirklichkeit war es eine Sünde gegen die Leviratspflicht, von der schon die Rede war.

Mit Hilfe meiner afrikanischen Studenten, der Weißen Väter und der Mitwirkung von Katechistenschulen kamen wir zu der Erkenntnis, daß diese Methode eine gemeinsame Tradition der Bantustämme ist, eine ganz ernste Gewissenspflicht in einer Moral des Lebens und der verantworteten Weitergabe des Lebens. Was mir der schon erwähnte führende Laie einer afrikanischen Diözese dazu sagte, stimmte genau damit überein. Ich war sehr beeindruckt vom Ernst, mit dem dieser Mann sein afrikanisches Gewissen mit der Treue zur Lehre der Kirche und speziell des Papstes versöhnen wollte und sagte ihm ehrlich meine Überzeugung: Papst Paul VI. kennt diese eure Tradition nicht. Seine Enzyklika war auch kein Versuch, auf eure Probleme zu antworten. Ich bin überzeugt, daß, wenn die Afrikaner ihm so wie mir die Situation schildern würden, er ihrem Gewissen den geschuldeten Tribut zollen würde.

Im Laufe weiterer Jahre stellten mir verschiedene Katechisten anderer Länder Afrikas die gleiche Frage. Soweit ich aus meinen Erfahrungen und Eindrücken schließen kann, haben es die meisten Priester, Missionare und Afrikaner, und vor allem die Missionsärztinnen genauso oder ähnlich gehalten wie ich. Es wäre eine Katastrophe, traditionstreue Afrikaner in dieser für sie lebenswichtigen Frage mit unseren europäischen „Antworten" zu überfallen.

III
Nigeria

Im Dienste der Versöhnung

Meine dritte große Afrikareise führte mich vor allem nach Nigeria und Ghana. Im Unterschied zu den meisten anderen Reisen fiel diese nicht in meine langen römischen Ferien, vielmehr ließ ich mich ein ganzes Semester freistellen. Die Reise war durch die Pastoralinstitute von Nigeria und Ghana gemeinsam geplant und organisiert. Es war gewiß keine leichte Aufgabe, die vielen Wünsche der verschiedenen Bischöfe und Missionsgemeinschaften sinnvoll zu harmonisieren.

Ich hatte schon in Rom viele Kontakte zu den dort studierenden Priestern aus diesen Ländern. Sowohl die Priester aus dem Stamm der Igbo (Biafra) wie auch die Yoruba-Priester, deren Stamm damals politisch, auch in bezug auf den Krieg, eine führende Rolle spielte, informierten mich, jeder auf seine Weise. Ich sprach zuerst mit jeder der beiden Gruppen für sich, dann mit allen gemeinsam. Den Abschluß bildeten eine gemeinsame Bußfeier mit dem Versprechen jedes einzelnen, sich mit ganzem Herzen für die Versöhnung der Stämme und aller Betroffenen einzusetzen, und eine Eucharistiefeier in Konzelebration. Ich glaube, daß alle die große Bedeutung dieser gemeinsamen Zelebration verstanden und fühlten.

Das Klima

Ich begann meine Arbeit in der Hauptstadt Lagos. Dort war ich zu Gast bei den Jesuiten, die mir ihr bestes Zimmer mit Klimaanlage gaben. Es war das erste und letzte Mal, daß ich in Afrika eine Klimaanlage erlebte. Der Wechsel vom kühlen Zimmer zur drükkenden Hitze draußen tat mir nicht sehr gut. Ich ertrug die trockene Hitze in Ostafrika und in der Sahela viel leichter als die feuchtschwüle Luft mancher Gegenden in Westafrika. Einmal packte ich an einem besonders feuchten Ort meinen kleinen Koffer nicht aus. Am Ende der Woche waren meine zwei Hemden und meine zweite Hose total verschimmelt. Im Schulunterricht hatte ich gelernt, daß ein feuchtschwüles Klima die Menschen träge macht. Hier konnte ich das Gegenteil erleben und lernen, daß vieles nuancierter gesehen werden muß. So sind zum Beispiel die Igbo, die in einem schwülen heißen Klima leben, nicht nur sehr begabt, sondern auch überaus arbeitsam und fleißig, draußen auf dem Feld wie auch beim Studium und bei geistiger Arbeit.

Beim Stamm der Yoruba

In Lagos zelebrierte ich öfter in einem Blindenheim. Ich staunte, wie freundlich die blinden Ministranten waren und wie schön sie die Texte vorlasen. Einer der größeren Ministranten fragte mich: „Wirst du der neue Bischof von Lagos werden?“ Auf diese Idee kam er offenbar durch große Höflichkeit, mit der ich als Gast behandelt wurde. Oder war es nicht ein Ausdruck des sprichwörtlichen Humors der Yoruba?

Die Reise von Lagos nach Ibadan gab mir eine Ahnung, wie gefährlich es auf den Straßen Nigerias zugeht. Es gibt viele Unglücksfälle. Schon damals, also vor etwa 25 Jahren herrschte in den Großstädten Lagos und Ibadan ein verheerendes Verkehrschaos, nicht anders als ich es übrigens auch in Bangkok erlebt hatte. Die Thailänder fahren aber viel zurückhaltender als die Nigerianer, was mit der Erziehung zu Meditation und Gewaltfreiheit zusammenhängen mag. Es täte Nigeria auch gut.

Bei dem Kurs in Ibadan und danach im großen Seminar von Ibadan fühlte ich mich sehr daheim. Die Yoruba waren mir überaus sympathisch. Sie sind kunstbegabt, glänzende Gesprächspartner und haben viel Humor. So sagte mir z. B. einmal ein Yorubapriester mit unnachahmlichem Lächeln: „Uns Yorubapriestern fällt der Zölibat nicht ganz leicht. Dagegen vermute ich, daß die Igbopriester mit der Keuschheit überhaupt keine Schwierigkeit haben, aber vielleicht deshalb umso mehr mit der Demut.“ Er traf den Nagel auf den Kopf.

Ich war überall angenehm überrascht, daß sich die hochgehenden Wogen zwischen den Igbos und den anderen Stämmen weithin geglättet hatten. Auch der wirtschaftliche Wiederaufbau der im Krieg zerstörten Straßen, Dörfer und Städte ging voran.

Ich bat einen Yorubapriester, mir die Grußformel in der Stammessprache aufzuschreiben. (Vielleicht ist der Ausdruck „Stammessprache" verfehlt, denn die Yoruba sind ein großes Volk mit einer großen Tradition.) Er tat mir den Gefallen. Zu meiner Überraschung mußte man mindestens sechs Reihen von Gruß- und Gegengrußformeln auswendig lernen. Und solches Grüßen ist für unser Empfinden zeitraubend. Von hier aus suchte ich einen Zugang zu der Mahnung Jesu an die Boten des Evangeliums, sie sollten sich auf dem Weg nicht mit Grüßen aufhalten. Hat man es im Yorubaland eilig, zum Ziel oder zu einer Arbeit zu kommen, darf man sich nicht allzu oft auf die Grußzeremonie einlassen.

Der moraltheologische Kurs, den ich im großen Seminar von Ibadan gab, befriedigte mich sehr. Das Interesse war groß, nicht geringer die Dialogfreudigkeit und absolute Aufrichtigkeit. Das Konzil hatte den angehenden und jungen Priestern einen gewaltigen Aufwind gegeben. Darum äußerten sie ihre Wünsche in bezug auf Fragen der Inkulturation ohne Umschweife. Es war für sie eine große Zeit der Hoffnung, es werde ihnen gelingen, ganz katholische Christen und ganz Afrikaner zu sein.

Die für das Seminar zuständigen Bischöfe baten mich dringend, ihnen zu helfen, einen Moraltheologen für Ibadan zu finden, der mit der biblischen Theologie gut vertraut ist. Der bisherige holländische Dozent ging weg. Die Studenten hatten ihn ziemlich offen kritisiert, weil er nie mit ihnen gebetet haben soll. Als ich einige Monate später wieder in Rom war, lief mir fast als erster ein ehemaliger Student aus der Diözese Bergamo in die Hände, der kurz zuvor sein Studium mit einer Dissertation über ein biblisches Thema beendet hatte. Ich erzählte ihm von meinem Auftrag, für Ibadan einen jungen Moraltheologen zu suchen.

Er stellte drei Fragen: 1. „Wie sind die Studenten?" Ich sagte, sie seien sehr sympathisch, warmherzig und dialogfreudig und hielten viel darauf, betende Professoren zu haben. Die zweite Frage: „Wie ist das Klima?" Ich verschwieg ihm nicht, daß es mir etwas zugesetzt hatte. Doch ähnlich wie in Rom wehte meist eine frische Brise. Schließlich wollte er wissen, ob die Bischöfe daran dächten, einen einheimischen Priester für das Fach Moraltheologie ausbilden zu lassen, denn er glaube, daß es auf Dauer nicht angehe, ausländische theologische Lehrer zu haben. In der Tat machten sich die Bischöfe darüber ernsthaft Gedanken. Die Frage nach einem Gehalt stellte er nicht, ebensowenig wie sein Bischof, der kurz darauf die Sache mit mir besprach. Valentino Salvoldi dozierte so lange, bis ein Yoruba die Stelle einnehmen konnte. Nicht anders hielt er es – wiederum auf meine Bitten – in Burundi und schließlich in Sambia. Er hat sich wie ich in Afrika verliebt.

Der Volkswagen als Boot

Wieder hatte das Pastoralinstitut alles genau geplant und organisiert, auch den Transport von einem Kursort zum anderen. Die Reisen waren interessant. Immer neue Entdeckungen der Schönheit des Landes und der Freundlichkeit der Menschen konnte man dabei machen. Natürlich gab es auch immer wieder Pannen, denn die Verkehrswege sind teilweise wirklich dürftig. Einmal geriet ich mit dem Pater, der mich in die nächste Diözese bringen sollte, in einen grandiosen Wolkenbruch. Wir befanden uns in einem waldigen Gelände, die Straße war ziemlich abschüssig. Innerhalb weniger Minuten wurde der Waldweg zu einem rauschenden Sturzbach. Zu meinem großen Erstaunen war der deutsche Volkswagen wasserdicht und ersetzte für geraume Zeit ein Boot. Es ging stürmisch voran, bis der Wolkenbruch nachgelassen hatte und wir wieder auf der Straße Halt gewannen. Der Bischof, dem unsere ungefähre Ankunftszeit gemeldet worden war, machte sich wegen der Wassermassen große Sorgen. Er war nicht wenig überrascht, als wir ziemlich pünktlich ankamen. Auch er konnte kaum glauben, daß man mit dem Volkswagen auch auf einem strömenden Bach vorankommen kann. Doch die Gefühle, die wir bei dieser unfreiwilligen Bootsfahrt hatten, kann sich wohl jeder vorstellen.

Zum Lob der ersten Missionare

Die Missionare haben mir von vielen aufregenden Erfahrungen erzählt. Eine Geschichte beflügelte meine Phantasie besonders. Ein „Weißer Vater" berichtete, daß er, von einem Krankenbesuch heimgekehrt, kaum die Tür hinter sich geschlossen hatte, als jemand wütend an der Pfortenglocke der Missionsstation läutete. Vorsichtig öffnete er die Tür – und stand plötzlich vor einem Löwen, der an dem Glockenstrang herumbiß, der aus einem getrockneten Ochsenschwanz bestand. Es gelang ihm bei allem Schreck gerade noch, die Türe zu schließen. Er meinte, der Löwe sei wohl ebenso verblüfft gewesen wie er, was ihn Zeit gewinnen ließ. Mag sein, daß solche Begebenheiten zum Bild der ersten Generation von Missionaren gehören, die auf viele, auch unangenehme Überraschungen stießen.

Doch was mich zutiefst erschütterte, war der Besuch der Friedhöfe, auf dem die verstorbenen Missionare begraben sind. Bevor es Missionsärzte gab, wußte der Ordensmann oder die Ordensschwester, die sich in die westafrikanische Mission meldeten, daß sie wohl in wenigen Jahren, wenn nicht sogar in wenigen Monaten unter Krankheiten zu leiden haben werden, gegen die sie nicht gefeit waren. Immer wieder las ich mit schwerem Herzen die Grabinschriften. Man kann leicht Kritik üben im Blick auf die mangelnde Vorbereitung für die unerhörte Aufgabe der Heilsverkündigung in einer ganz anderen Kultur. Aber der missionarische Opfergeist war grenzenlos. Ich meine, daß gerade darin für viele das entscheidende Motiv für die Annahme des christlichen Glaubens lag. Die Einheimischen konnten nicht genug staunen, daß die toten Missionare immer wieder ersetzt wurden, obwohl jeder und jede wußte, wie sehr sie ihr Leben der Gefahr aussetzten.

Feste der Glaubensfreude

Jeder einzelne Kurs war für mich eine neue Überraschung. So viele freundliche neue Gesichter, immer wieder neue Einsichten, die uns Männer und Frauen vermitteln konnten. Jeder Kurs in Afrika wurde für mich und wohl auch für die meisten Teilnehmer zu einem Fest, bei dem wir uns unsere Glaubenserfahrungen, unsere Freude am Dienst des Evangeliums mitteilten. Von solcher Feststimmung getragen, konnten wir uns den vielen drängenden Fragen und Sorgen stellen. Nach jedem Kurs gab es auf ganz afrikanische Art die Danksagung durch den Bischof und durch andere Sprecher. Ich konnte jedesmal ehrlich sagen, daß ich am meisten Grund habe, Dank zu sagen für alles, was ich dazugelernt habe, Dank sagen für das Teilnehmendürfen an der Glaubensfreude so vieler, an dem Eifer aller im Dienste der Frohbotschaft.

Einmal verlief die Danksagung besonders originell, als ein Altbischof gar nicht genug von seinem Staunen erzählen konnte. Als junger Mann habe er in Irland die Redemptoristen als gewaltige Höllenprediger erlebt, ja manche als eine Art „Redempt-terrorists", und nun treffe er freudige, frohmachende Redemptoristen nicht nur in Irland, sondern auch in Afrika. Dieser alte Missionsbischof steht für viele andere, die die Wende des Konzils mit ganzem Herzen, ja mit Enthusiasmus mitvollzogen haben.

IV
Ghana

Im Flugzeug von Lagos nach Accra (Ghana) war eine deutsche Frau meine Sitznachbarin. Wir unterhielten uns und stellten bald fest, daß wir in Tübingen zusammen ein Seminar mit Professor Theodor Steinbüchel mitgemacht hatten. Ihre Missionsbegeisterung stand der meinen kaum nach.

Der Sohn des Oberpriesters

Ich war mehrmals in Ghana. Für mich steht dieses Land in bezug auf Herzlichkeit und Freundlichkeit ganz obenan. Die Menschen dort können lachen und zum Lachen geradezu anstecken. Sogar die Beamten der Paß- und Zollkontrolle begrüßen die Ankommenden wie alte Freunde und Bekannte. Mit Ghana verbinden mich viele Fäden. Zuallererst denke ich an Bischof Peter Derry, zuerst Bischof von Wa im nördlichen Ghana, dann Erzbischof in Tamale. Er gehörte als junger Priester am Internationalen Katechetischen Institut „Lumen Vitae" in Brüssel zu meinen Hörern. Ich staunte damals bei der Prüfung über seine Treffsicherheit und Gelöstheit, auch darüber, daß er so gut französisch sprach, obwohl er erst einige Monate in Brüssel war und man in Ghana wohl englisch gut spricht, aber nicht französisch. Ich könnte mir einen afrikanischen Bischof von der Statur Peter Derrys sehr wohl als Papst vorstellen.

Er war als der älteste Sohn des Oberpriesters seines Stammes (Dagarti) schon als Nachfolger eingeweiht, als es zu einem unerwarteten Ereignis kam. Eine schreckliche Dürre herrschte im Land. Sein Vater hatte den ganzen großen Stamm zum Gebet um Regen eingeladen. Doch er blieb aus. Da traf auf der Durchreise ein aus den USA gebürtiger Weißer Vater ein. Er lud durch Peters Vater die Leute ein, nochmals zum Gebet zu kommen. Gott werde es erhören. So betete der ganze Stamm mit dem Pater, der versichert hatte, Gott werde sie bald erhören. Noch bevor die Leute zu Hause waren, strömte der ersehnte Regen vom Himmel.

Schon in Brüssel hatte mir Peter die Geschichte erzählt. Sein Vater, der Oberpriester, wurde einer der ersten Christen des Stammes, zusammen mit seinem zur Nachfolge bestimmten Sohn. Peter wurde dann der erste Bischof des Stammes. Ich ließ mir bei meinem ersten Besuch des inzwischen betagten, aber geistig sprühenden Beters dies alles gern noch einmal erzählen und fragte, wieso er den Mut gehabt habe, den Menschen auf Anhieb zu versprechen, Gott werde ihr gemeinsames Gebet erhören. Er antwortete: „Ich fühlte mich innerlich dazu angetrieben." Ich sah, wie sehr die Menschen diesen alten Mann verehrten.

Natürlich hatte Bischof Peter Derry alles daran gesetzt, daß das Pastoralinstitut bei der Einteilung meiner Vorträge in Ghana auch ein paar Wochen für ihn reserviert. Er lud zu den Veranstaltungen auch die Priester und Schwestern und Katechisten der Nachbardiözesen ein. Es wurde ein großes Treffen. In einem ersten Brief nach der Aufstellung des Arbeits- und Reiseplanes für mich schrieb er mir betroffen, daß ich zu einem Zeitpunkt für Wa eingeteilt sei, in dem die Hitze am unerträglichsten sei. Ich tröstete ihn in meinem Antwortbrief: „Keine Sorge, ich habe während der Fastenzeit keine Buße getan, und so ist sie halt in Wa fällig." Doch es kam anders: die Regenzeit und damit die Abkühlung setzte einige Wochen früher genau am Tag meiner Ankunft ein, wodurch wir während meines ganzen Aufenthaltes das denkbar günstigste Wetter hatten. Natürlich unterstrich der Bischof in der abschließenden Dankrede diese besondere Gunst Gottes, der den Regen zur rechten Zeit sendet.

Bischof Derry ist ein Charismatiker durch und durch. Seine Diözese hat viele und gute Priester und eine große Schar von Theologiestudenten, so daß sie auch anderen Diözesen aushelfen kann. Die Nachbardiözese Tamale hatte beim Rücktritt des sympathischen Erzbischofs (Weißer Vater) noch keinen einzigen eingeborenen Priester aufzuweisen. Die Missionare waren vom Charisma Bischof Derrys so sehr überzeugt, daß sie alle Hebel in Bewegung setzten, ihn als Erzbischof zu erhalten. Es gelang ihnen, und ihre Hoffnungen wurden nicht enttäuscht. Auch Tamale hat jetzt einen guten Priesternachwuchs.

Der Bischof konnte mich nicht, wie er es gewünscht hatte, in seinem Haus als Gast aufnehmen, denn er wohnte in einem Häuschen mit nur zwei Räumen in Miete. Dafür war es ihm jedoch gelungen, ein vorbildliches Bildungszentrum zu bauen, in dem auch viele tüchtige Katechisten ausgebildet wurden. Die Diözese hat auch eine einheimische, sehr blühende Schwesternkongregation. Viele Schwestern nahmen an den Glaubenskursen teil. Sogar eine beachtliche Gruppe einheimischer Ordensbrüder gibt es in dieser Diözese.

Hohe Stammeskultur

Das alles hängt aber auch mit der hohen ethischen Kultur dieses Stammes zusammen. Die Ehen sind hier fast durchweg faktisch unauflöslich, während bei einem Nachbarstamm genau das Gegenteil zutrifft.

An einem Sonntag zelebrierte ich in einer der größten Pfarreien der Diözese. Es war ein großes Erlebnis. Die Menschen kommen stundenweit anmarschiert, viele sind schon lange vor Beginn des Gottesdienstes da. Die Liturgie ist wirklich afrikanisch, voller Ausdruckskraft. Man spürt die Begeisterung, aber auch die Sammlung. In dieser Gegend benutzte man Musikinstrumente, die ich vorher noch nie gesehen hatte. Überhaupt gibt es auf dem Gebiet der Musik in Afrika eine große Vielfalt. Natürlich fehlt die Trommel meist nie. Wer jedoch glaubt, sie sei nur eine Art Geräuschmaschine, täuscht sich sehr. Mich hat es beeindruckt, wie das langsame Ausklingen der Trommeln immer wieder ziemlich lange Pausen des ergriffenen Schweigens einleitet, aus dem dann spontan gesungene Gebete aufsteigen, zunächst von einzelnen, dann machtvoll beantwortet durch die gane Gemeinde.

Fast überall in Afrika dauerte die Sonntagsmesse, die ich miterlebte, kaum weniger als zwei Stunden. Dann kann es noch passieren, daß Leute nachher sagen: „Jetzt sind wir von so weit gekommen, und die Messe ging so schnell zu Ende.“ Auch die Kinder fügen sich ganz gut in diesen Rhythmus der langen Gebetsfeier ein.

Die kleinen Kinder werden auf dem Rücken der Mutter durch die Welt getragen. Wie Herren schauen sie von dort auf das Leben herab.

Stabilität und Beweglichkeit

In Ghana erlebte ich bei meinen Spaziergängen am frühen Morgen öfter das großartige Schauspiel, wie Mütter ihre heranwachsenden Töchter darin einüben, einen Wassereimer auf dem Kopf zu tragen, und zwar so, daß sie auch im Laufschritt nichts verschütten. Ich habe dieses Erlebnis immer wieder als Symbol einer Stabilität in voller Bewegung benützt. Die Afrikanerinnen sind hierin unübertreffliche Meisterinnen. Es war für mich interessant zu erleben, wie beharrlich diese Kunst eingeübt wird.

Die Frauen Afrikas sind, wenn auch mit beachtlichen Unterschieden, Lastträgerinnen. Wiederholt fiel mir in vielen Gegenden auf, daß der Mann, der der Frau ein paar Schritte vorausgeht, nur die Axt oder ein anderes Werkzeug in der Hand hat, während die Frau schwere Bündel von Holz und anderen Lasten auf dem Kopf trägt. In Stämmen, in denen der Esel als Arbeitstier benutzt wird, ist das jedoch anders: hier ist nicht mehr die Frau, sondern der Esel der Lastträger. Im Stamm der Dagarti ist die Frau hochgeachtet.

Bei den Aschanti und Ewwe

Auch im Süden von Ghana hielt ich Kurse. Im Südwesten bis zur Mitte von Ghana gibt der Aschantistamm den Ton an. Er kann auf eine große Kulturgeschichte zurückblicken: vornehme Umgangsformen, schöne Kleidung, eine lange Tradition von Gold- und Silberschmieden, ein gesundes Selbstgefühl. Die Frauen spielen in diesem Stamm eine beachtliche Rolle. Aufgrund einer langen matriarchalen Geschichte kommt ihnen auch heute noch ein hohes Maß an Gleichheit mit dem Mann zu.

Ich hatte auch viel Gelegenheit der Begegnung mit den Menschen hier. So kam einmal ein angesehener Mann auf Weisung seines Bruders, der Bischof war, zu mir, um über Fragen, die seine Ehe betrafen, zu sprechen. Auch die Aschanti erstreben das Ziel der unauflöslichen Ehe. Aber bei dem kulturellen Umbruch und der Mobilität ist manches nicht so leicht.

Ghana hat gute Ärzte und liebenswürdige Krankenpflegerinnen. Ich hatte Gelegenheit, mit ihnen Kontakt zu finden. Einmal gab ich einen gut besuchten Kurs für Krankenschwestern über Fragen ihres Berufsstandes. Ich konnte dabei manches lernen. Die Schwestern sprachen sehr offen über ihre Erfahrungen. Mit Ärzten und Medizinstudenten kam ich anläßlich einiger Vorlesungen an der medizinischen Fakultät von Accra über Fragen der medizinischen Ethik in Kontakt. Die Diskussionen waren sehr lebhaft. Ich erhielt sogar eine Anfrage, ob ich nicht eine Gastprofessur für medizinische Ethik an der Universität annehmen wollte.

Im Südosten Ghanas lebt der interessante Stamm der Ewwe. Sie sind an sich ein großes Volk in ziemlich geschlossenen Siedlungsgebieten. Doch die Kolonialmächte haben sie durch eine willkürliche Teilungspolitik in drei oder gar vier Teile auseinandergerissen. Die Ewwesprache ist eine ungewöhnlich entwickelte Singsprache. Gleiche Laute haben nach Tonhöhe bzw. Tonfall und Tonanstieg ganz verschiedene Bedeutungen. Nicht nur Missionare, sondern auch Afrikaner selbst sagten mir, daß man musikalisch begabt sein muß, um diese Sprache zu erlernen.

Sowohl in Ghana wie auch in Togo staunte ich bei meinen Spaziergängen durch die Ortschaften, wie die Kinder im Gespräch miteinander sangen und wie sehr sie sich am Tanzen und Singen erfreuen. Ich finde es einfach furchtbar, daß sich dieser Stamm nicht zu einem einheitlichen Volk mit einheitlicher Kultur entwickeln durfte, weil die Kolonialisten keinerlei Gespür für die Gemeinsamkeiten besaßen.

Ärztliche Mission

Als ich in einer von Ewwes bewohnten Diözese einen Kurs über die Heilkraft des Glaubens, d.h. der recht verkündeten und bezeugten Frohbotschaft gab, traf ich eine rührige Missionsärztin, Dr. Margret Marquardt, die sich sehr in die Eigenart der Afrikaner hineingelebt hat. Sie stammt aus meinem Geburtsort und gehört zu einem Säkularinstitut „Der Gral". Ich kenne mehrere der Mitglieder, die sich durch Einfühlungskraft und Mut hervortun. Mit den Spenden aus unserer näheren schwäbischen Heimat hat Margret in Ghana zwei Krankenhäuser gebaut. Sie hat aber auch viel über das Verhältnis von Heilsverkündigung und Heilen nachgedacht und konnte ihre Einsichten im Lauf der letzten Jahre als Mitarbeiterin des „Deutschen Evangelischen Instituts für ärztliche Mission" einbringen. Auch mein Buch „Vom Glauben, der gesund macht" fand dabei Beachtung und wurde von vielen evangelischen Missionsärzten und Schwestern dankbar entgegengenommen.

Eines frühen Morgens machte ich einen kleinen Spaziergang zu dem Krankenhaus, in dem Margret arbeitete. Ich wollte sie kurz begrüßen, doch als ich die lange Schlange von Patienten sah – manche von ihnen hatten schon einen langen Weg hinter sich – kehrte ich um. Noch am frühen Nachmittag, als ich wiederkam, war die Schlange der Wartenden nicht abgebrochen. Ähnliche Erfahrungen machte ich bei vielen „Dispensaries", Krankenstationen, die meistens von Missionsschwestern geleitet werden. Die ärztliche Mission, bei der die ersten Initiativen von den evangelischen Kirchen ausgingen, ist ein wahres Ruhmesblatt der Missionsgeschichte. Von Anfang an gab es ein Ringen um eine Synthese zwischen Heilsverkündigung und heilendem Tun. Der evangelische Theologe Christoffer Grundmann ist diesem Fragen und Suchen gründlich nachgegangen in seiner Dissertation „Gesandt zum Heilen. Aufkommen und Entwicklung der ärztlichen Mission im neunzehnten Jahrhundert" (Hamburg 1991).

Durch Margret erlebte ich eine der anregendsten Begegnungen. Ich verbrachte mehrere Stunden bei einer von vielen verehrten und bewunderten hundertjährigen einheimischen Heilerin. Ein Ewwepriester, der sie von Jugend an kannte, begleitete mich als Dolmetscher. So konnte die Frau, die auch Englisch versteht, in ihrer Muttersprache ganz spontan erzählen. Sie ging in staunenswerter Klarheit auf meine Fragen ein, auch auf die Frage, wie Heilen und Religion, Heilen und Beten zusammenhängen. Dabei strahlte sie eine große Herzlichkeit und Güte aus. Auf meine Frage, wie sie zu diesem Charisma des Heilens gekommen sei, erzählte sie mir von ihrem vierzigtägigen Fasten im Wald, nur von Früchten und Kräutern lebend. Dort sei ihr im Gebet die Berufung zugefallen. Sie kennt die Heilkräuter und wohl noch besser die Psyche der Stammesangehörigen. Sie kennt auch die Macht vertrauensvollen Betens gegen die Unheilsmächte der Angst und des Hasses. Ihre Einstellung zum christlichen Glauben war offenbar auch positiv. Nicht selten hatte sie Patienten, die voller Angst und/oder Haß waren, zu einem Priester zur Beichte geschickt, sofern es sich um Christen handelte.

Heilende Kirche

So möchte ich hier, einige Überlegungen zu dem brennenden Thema „Heilsverkündigung und Sendung zum Heilen" anfügen, das auch bei der bevorstehenden gesamtafrikanischen Synode bevorzugt behandelt werden soll. Es handelt sich ohne Frage um ein zentrales Thema.

Die Healing Churches (Heilenden Kirchen), die in Afrika wie Pilze aus dem Boden schießen, stellen eine der größten Herausforderungen für die missionierenden Großkirchen dar. Sie bloß als lästige Konkurrenten ansehen zu wollen, wäre total verkehrt. Wir können im Gegenteil manches von ihnen lernen. Letztlich geht es dabei doch um eine umfassende Besinnung über die doppelte Sendung, die Jesus seinen Jüngern und damit seiner Kirche gab: die Frohbotschaft froh zu verkünden und die Kranken zu heilen.

Ein bloßes Nebeneinander von Seelsorge (hier spreche ich bewußt von „Seelsorge", während ich sonst das Wort „Heilssorge" vorziehe) und ärztlichem Tun ist eine Katastrophe für das eine wie für das andere. Anthropologisch richtige Medizin sieht den ganzen Menschen, den Menschen in all seinen Dimensionen, und so, und nur so, kommt sie über das bloße Behandeln äußerer Symptome hinaus. Diese Wendung in der Medizin, vor allem in der ärztlichen Mission, setzt aber eine radikale Neubesinnung in Theologie und Mission voraus. Der Selbstkritik des kirchlichen Gesundheitsdienstes muß eine Selbstkritik kirchlicher Evangelisation und Heilssorge vorausgehen. Hier möchte ich nur die dringlichsten Punkte ansprechen, und dies im Blick auf Afrika, freilich nicht nur Afrika.

Christus spricht uns durch sein Wort und Tun und schließlich als der Auferstandene den SCHALOM zu, ein Heilwerden der Menschen in all ihren Dimensionen, vor allem in den grundlegenden Beziehungen. Christus heilt uns gerade durch die Art, wie er uns das Heil zuspricht. Er heilt als Versöhner und Friedensstifter. Jesus schenkt uns eine umfassende Gesundung all unserer Beziehungen und Dimensionen, indem er uns den Parakleten, den Lebensspender, Tröster, Ermunterer sendet, der unsere inneren Kraftquellen zum Sprudeln bringt und uns ermächtigt, diese Kraftquellen in uns und den anderen zu entdecken, anderen zu helfen, sie selbst zu entdecken. Nicht umsonst nennen sich die afrikanischen Healing Churches auch „Geist-Kirchen". Es gibt solche kleine Kirchen, die auf erstaunliche Weise die Dimension der Paraklese, der Ermunterung, in der Kraft des Parakleten entdeckt haben. Wer nicht die Augen verschließt, findet sie immer neu im Evangelium. Ich möchte nach meinen vielen Begegnungen und Dialogen in Afrika einige konkrete Fragen stellen:

Verkünden wir lebensnah den Menschgewordenen, den Emmanuel, der uns heilt und zum Heil ruft durch seine menschliche Nähe? Angewandt auf die Mission: Sind wir den Afrikanern wirklich Afrikaner geworden? Helfen wir den afrikanischen Priestern und anderen, die zum Apostolat bereit sind, ganz und gar Afrikaner zu bleiben, ja ihren Schwestern und Brüdern noch viel näher zu kommen als vor der Missionierung?

Es ist die umfassende Frage der Inkulturation, die alle Dimensionen der Heilsverkündigung umfaßt. Dagegen verstößt man schwer, wenn man den Afrikanern mit aristotelischen oder kartesianischen Begriffsspielen kommt. In den Jahren, in denen ich regelmäßig am Internationalen Institut „Lumen vitae" in Brüssel einen Kurs gab, sagte mir ein belgischer Professor, er finde, daß die Afrikaner nicht begabt seien. Ich stellte ihm die Frage, ob jene Professoren, denen nichts Besseres einfällt, als zu Afrikanern im Gerüst der Scholastik, mit aristotelischen Begriffen zu sprechen, etwa „begabt" seien.

Ich fand die Afrikaner überaus begabt, wenn man ihnen den Glauben und die sittliche Weisung ganz in einer biblischen Denkart vermittelt; denn es besteht für mich kein Zweifel, daß afrikanische Denkart und Redeweise erstaunlich nahe an biblisches Denken herankommen, d.h. an die Denkart, in der die biblischen Verfasser die Heilsbotschaft ausdrükken.

Viele unserer späteren Dogmen und Lehren sind – bei aller grundsätzlichen Richtigkeit – ein gutes Stück von den einfachen biblischen Denkmodellen entfernt und noch mehr von den Denkmodellen und dem Fühlen der Afrikaner. Wir müssen mit der Bibel, natürlich vor allem dem Neuen Testament, ansetzen. Dann freilich kann uns auch das Alte Testament viel sagen von der geduldigen Pädagogik Gottes, der an die vorgegebenen Sitten anknüpft. Ich denke dabei z.B. an manche Aspekte der afrikanischen Polygamie.

Unser europäisches, geschichtlich sehr spät entwickeltes Eherecht paßt zu den afrikanischen Ehetraditionen wie eine Faust aufs Auge. Vieles, was unter Verweigerung der Sakramente eingefordert wurde, steht weder in der Bibel, noch ist es dem durchschnittlichen, gutgesinnten Afrikaner innerlich einsichtig. Hier entstehen neue *Tabus,* die krank machen.

Man bedenke, wie sehr afrikanische Angst mit dem Brechen von Tabus zu tun hat. Demgegenüber ist das Evangelium befreiend und dadurch auch heilend. Wenn aber anstelle der alten Tabus neue treten, neue Verbote und Gebote, die nicht wirklich in ihrer Sinnhaftigkeit vermittelt werden oder auch nicht vermittelt werden können, so gelingt die Heilung von der Angst und die Heranführung an die beglückende Freiheit der Kinder Gottes nicht.

Die wesentliche Dimension der „Versöhnung" muß mit afrikanischer Lebensnähe gepredigt und bezeugt werden. In diesem Zusammenhang spielt der in Afrika weitverbreitete „Schadenzauber" und Gegenzauber gegen Schadenzauber eine große Rolle. Dies alles wird zu einer Hauptquelle der Krankheit und der krankmachenden menschlichen Beziehungen durch den primitiven, auch im alten Volk Israel weit verbreiteten Glauben, daß Unglück nicht nur Zeichen des göttlichen Zornes sei, sondern daß es so oder so von bösen Menschen angestiftet werde. Daraus folgt der Zwang, durch Zauber die Schuldigen herauszubringen und sie „unschädlich" zu machen, so oder so.

Ich möchte das veranschaulichen durch ähnliche Tendenzen, die es noch im Deutschland des 20. Jahrhunderts gab: Als ich als junger Dozent in Gars am Inn war, rief mich der Pförtner oft, wenn Leute gesegnete Gegenstände verlangten zur Überwindung von Schadenzauber, z. B. wenn die Kühe keine Milch mehr gaben, jemand plötzlich krank wurde. Ich fand bald heraus, daß diese Menschen eine genaue Vorstellung hatten, welcher böse Nachbar, welche böse Frau an allem schuld sei. Deshalb ging ich in die Gegenoffensive und behauptete, das Böse und das Krankmachende komme nur dann in das Haus, wenn jemand dem Unheil selbst die Türen oder die Fenster öffnet. Die weit geöffnete Tür oder das Scheunentor sei die Verdächtigung anderer, die

Feindschaften, der Haß. Darum gäbe ich keine gesegnete Sachen mit, sondern den kräftigsten Segen für sie selbst und ihre Angehörigen, wenn sie Tore, Türen, Fenster gegen das Böse verriegeln: also nicht voller Zorn fluchen, niemanden mehr verdächtigen, den Haß aus dem Herzen und aus dem Haus verbannen, die Raffgier überwinden, usw. Nicht selten beichteten die Leute dann demütig, und ich segnete sie ganz herzlich.

Einmal kam ein Mann, der mich schon früher besucht hatte, mit seinem Nachbarn. Ich hörte mir seine Geschichte an und wiederholte meine Predigt vom Dichtmachen der Türen und Fenster gegen das Böse und den Bösen, über die Bekehrung als den wirksamsten Exorzismus. Der Nachbar wollte nicht recht zuhören, bis ihn der Mann, der ihn zu mir geführt hatte, eindringlich belehrte: „Du mußt beichten und umdenken! Dann hilft dir sein Segen, genau wie er mir geholfen hat." So endete auch dieser Besuch mit einer bußfertigen Beichte und Lossprechung, durch die unheilbringende Angst in heilsame Gottesfurcht und großes Vertrauen verwandelt wurde oder anders gesagt, wo böse Angst neuen heilen Beziehungen Platz machte.

In Afrika sind diese Dinge keineswegs nebensächlich. Statt auf Themen des eurozentrischen Kirchenrechts angsterregende Akzente zu setzen, muß die biblische Botschaft von der heilenden Gewaltfreiheit und Versöhnung hervorgehoben werden. Was ich schon früher über die Verkündigung der Erbgnade gegen die Erbbelastung im Blick auf afrikanische Erfahrung von heilender Solidarität gegen Unheilsverstrickung gesagt habe, muß erweitert und vertieft werden. Die krankmachende Angst, die zu Schadenzauber und Gegenzauber führte und immer noch führt, wird nicht durch formelhafte Exorzismen ausgetrieben, sondern durch die rechte Heilsverkündigung, in deren Mittelpunkt vor allem die Versöhnung, die Gewaltfreiheit usw. stehen.

Ahnenverehrung – Liturgischer Tanz

Die afrikanische Ahnenverehrung ist weithin narrative Motivierung für das Gute und Feier der umgreifenden Heilssolidarität zwischen den Verstorbenen und den Lebenden. Die Verehrung gilt nur den guten Vorfahren; sie ist eines der entscheidenden Mittel gegen die Furcht vor dem Schadenzauber böser Verstorbener oder Lebender. Durch Unterdrückung der Ahnenverehrung entstand ein gefährliches Vakuum und entfiel eine der besten und stärksten Motivierungen für ein gutes Leben. Daher muß sie wieder aufgegriffen und in die Heilsgemeinschaft mit allen Lebenden und verstorbenen Heiligen integriert werden. Wir brauchen Heiligsprechungen von vorbildlichen Afrikanern, vor allem von Menschen, die gefährliche Tabus gebrochen und den neuen Weg gezeigt haben.

Ein anderes Thema in diesem Zusammenhang ist der afrikanische Tanz. Er hat eine verbindende Kraft, wirkt lösend, erzeugt Freude und Freundschaft. Er ist eine wichtige Weise, Gott zu loben. Die liturgischen Tänze, die ich in Afrika erlebt habe, besitzen hohe Mitteilungskraft, bewirken Schwung, Begeisterung und Vertrauen. Das Heilungsgebet, verbunden mit liturgischen Tänzen, ist besonders eindringlich.

Was die Synthese von Heilsverkündigung und Heilen betrifft, ist die Art der Moralverkündigung und Moralpädagogik von hoher Bedeutung. Ich habe schon auf Heilung durch Befreiung von Tabus hingewiesen. Jedes Einpauken von Moralvorschriften, die kleinliche Dinge betreffen oder den Afrikanern völlig unverständlich sind, ist ein Überfallen mit angsterregenden Tabus, so gut alles auch gemeint sein mag.

Ich meine, daß die Afrikaner in hohem Maße ansprechbar sind durch eine durch und durch paraklетische Redeweise in allen Dingen, die das Tun des Guten und Meiden des Bösen betrifft. Alles soll verstanden werden als Ermunterung in der Kraft des Heiligen Geistes, als befreiendes Gesetz der Gnade und des frohmachenden Glaubens. Die parakletische Moralpädagogik respektiert das Wachtstumsgesetz. Die Verweigerung der Taufe und Kommunion gegenüber den frommen und vorbildlichen (polygamen) Eltern vieler afrikanischer Priester und anderer, die durch ein beispielhaftes Leben herausragen, wirkt nicht nur erschwerend bei der graduellen Überwindung der Polygamie, sondern nimmt der Moralverkündigung, ja sogar der Verkündigung der christlichen Frohbotschaft weithin die Glaubwürdigkeit und heilende Kraft.

Nicht wenige mitfühlende Missionare und Bischöfe haben versucht, gläubig gewordene Männer und Frauen, die vor der Glaubensbekehrung schon in polygamen Ehen – im Rahmen des afrikanischen Rechtes – zu hochgeehrten, wenn auch lebenslänglichen Katechumenen zu machen mit der tröstenden Erklärung, daß Gott sie auch so liebe. Dies ist so unafrikanisch wie nur denkbar. Die meisten Afrikaner haben einen sehr vitalen Zugang zu den Sakramenten als feierlicher Symbolsprache. Sagt man einem afrikanischen, vornehm denkenden Häuptling, daß man es durchaus verstehe, daß er seine Frauen nicht entlassen könne – er würde ja als Vertragsbrecher seine Ehre verlieren – und Jesus ihn also sicher lieb habe, er aber die Sakramente nicht empfangen könne, so ist das wie ein leises Ja mit einem lauten NEIN. Wie kann er glauben, daß Jesus ihn liebt, so wie er ihn vorgefunden hat, wenn man ihm die entscheidenden Zeichen der Liebe Christi und des Heiles vorenthält?

Dies nur als ein Beispiel gesagt, nur ein kleiner Ausschnitt aus vielem, was neu überdacht werden müßte. Und das heißt: Man muß den afrikanischen Christen, ihren Bischöfen, Priestern, Katechisten, Theologen und führenden Laien und den kleinen Heiligen die volle Freiheit zurückerstatten, über all das frei zu reden und es neu zu überlegen.

Versöhnung

Ich habe in Afrika viele Ansätze in Richtung auf eine heilende und versöhnende Kirche erlebt, nicht nur bei den sich abtrennenden „Healing churches“, sondern auch in der katholischen Kirche. Ich möchte vor allem die „Schulen des Gebets“ nennen, denen es in erster Linie um Integration zwischen Glauben und Leben, Beten und Lebensgestaltung geht. Ich habe vielversprechende charismatische Gruppen gesehen, die den Lobpreis in der Kraft des Heiligen Geistes und das innige Beten um ein heilendes Vertrauen auf Gott pflegen. Es sind Anfänge. Wir alle haben noch viel zu lernen. Es ist meine kühne Meinung, daß in diesem Lernprozeß die Afrikaner besser begabt sind, alles in allem kompetenter als wir. „Afrika gehört uns“, heißt der Titel eines englischen Buches im Blick auf ein „afrikanisches Konzil“.

Was ich auf diesen Seiten geschrieben habe, will nicht Anweisung eines Deutschen, eines Europäers für Afrikaner sein, sondern ist einiges von dem, was ich in Afrika mühsam gelernt habe, und ein ermutigendes Wort nicht nur für die Afrikaner, sondern für uns alle, jeweils am Ort nachzudenken über eine lebensvolle Synthese zwischen heilendem Glauben und ganzheitlicher Heilpraxis.

Ich bin überzeugt, daß das von uns Europäern großzügig eingeführte medizinische Wesen in Afrika noch einer ganz gründlichen Inkulturation und dabei einer gründlichen Umwandlung und Vermenschlichung bedarf. Der ganze kranke Mensch will geheilt werden. Je näher die Heilpraxis bester afrikanischer Kultur kommt, und je mehr es eine ganzheitliche, anthropologisch richtig ausgerichtete Heilpraxis wird, umso mehr können sich die beiden Ströme, das heilende Tun und die heilende, befreiende Glaubenspraxis, befruchtend treffen.

Ich sagte schon öfter, daß die Ärzte und Krankenpflegerinnen in Ghana für ihren Beruf kostbare Fähigkeiten einbringen. Sie zeigen viel Mitgefühl, tröstende Freundlichkeit, wie ich nach meinen Erfahrungen bei einem Kurs für Krankenpflegerinnen, Ordensleuten und Laien sagen kann. Die einheimischen Krankenschwestern denken nicht nur mit dem Kopf, sondern auch mit dem Herzen.

Herzlicher Abschied

Beim Abflug nach meinem letzten Besuch in Ghana wurden mir nochmals die großartigen Qualitäten der Menschen dieses Volkes sehr deutlich. Während ich auf dem Flugplatz auf die Maschine nach Italien wartete, ergab sich ein sehr lebhaftes Gespräch mit einem Ehepaar aus Accra. Sie stellten sich als Methodisten vor, und es war spürbar, daß sie tief gläubig sind. Als dann über den Lautsprecher durchgesagt wurde, daß der Flug nach Rom auf den nächsten Vormittag verlegt werde, boten sie mir spontan und sehr herzlich an, mich mit nach Hause zu nehmen, mir ein Zimmer zur Verfügung zu stellen und mich am anderen Morgen wieder zum Flugplatz zu bringen. Sie wollten es einfach nicht, daß ich die ganze Nacht im Wartesaal sitzen sollte. Es tut mir heute noch leid, daß ich die Einladung nicht angenommen habe. Freilich wollte ich nicht zur Last fallen. Das Ehepaar dachte gewiß ganz anders. Es wäre für sie eine Freude gewesen, wenn ich dieses Angebot schlicht angenommen hätte. Sicherlich dachte ich damals nicht genug afrikanisch.

V
Burundi

Meine vierte große Reise nach Afrika führte mich nach Burundi, Zaire und Ruanda. Einer der Gründe für die Reise nach Burundi war das Gemetzel an den Hutu durch einige Cliquen der Tutsi. Die Frage war, ob ich irgend etwas tun könnte, um eine Versöhnung zu erreichen.

Burundi und Ruanda sind nahezu gleich geprägt. In beiden Ländern spricht man die gleiche Sprache „ki-rundi", beide haben fast die gleiche ethnische Zusammensetzung. Etwa 85 Prozent der Bevölkerung gehören zum Stamm der Hutu: kleinwüchsige, arbeitssame Bantu. Vor einigen Jahrhunderten drangen dann die hochgewachsenen Tutsi, Hamiten, ein; letztere besitzen zweifellos hohe Führungsqualitäten und einen großen Bildungshunger. Es gelang ihnen, sich die Hutu auf vielfältige Weise hörig zu machen. Natürlich profitierten die Hutu auch irgendwie von den erfinderischen Tutsi. Diese haben gepflegte Umgangsformen, ihr Herrschaftsstil war mehr schlau als grausam.

Burundi und Ruanda gehörten kurze Zeit zu der deutschen Kolonie Tansania, danach zur belgischen Kolonie Zaire. Als die Missionare die ersten Schulen eröffneten, begriffen die Tutsi ganz spontan, daß Bildung ein großer Gewinn ist. Die Hutu verstanden das zunächst nicht. So kam es, daß ohne planendes Zutun der Missionare die junge christliche Gemeinschaft vorherrschend aus Tutsi bestand. Auch die ersten Priester waren aus dem Herrscherstamm. Als ich nach Burundi kam, gehörten alle Bischöfe dem Stamm der Tutsi an bis auf einen, dem es aber durch Verwandtschaft gelang, mehr oder weniger als Tutsi zu gelten.

Im benachbarten Ruanda hatten schon vor mehreren Jahren die Hutu die Macht an sich gerissen. Dabei gab es Tote, gottlob nicht sehr viele. Die neuen Herren bestimmten ein Quotensystem, nachdem die Tutsi in allen Ämtern und auf allen höheren Ebenen nicht mehr Vertreter stellen konnten als ihrem Anteil an der Gesamtbevölkerung entsprach. Doch war es selbstverständlich, daß im benachbarten Burundi alles, was den Tutsi zuleid getan wurde, aufgebauscht weitererzählt wurde. Die Hutu-Mehrheit in Burundi ihrerseits fühlte sich durch die Tatsache, daß ihr Stamm in Ruanda sich von der alten Sklaverei befreit hatte, ermuntert, das gleiche zu versuchen. Es kam an der Grenze zu Tansania zu Gefechten zwischen Hutu und Tutsi. Über die Ursache und über die Anstifter gingen gegenteilige Meinungen um. Auf jeden Fall steht fest, daß die Tutsi gut gerüstet waren und hart zurückschlugen. Fast überall wurden durch Kommandos der Tutsi alle Hutu mit (höherer) Schulbildung massakriert, soweit ihnen das gelang.

Ich kehrte in Bujumbura, der Hauptstadt von Burundi, bei den Saverianimissionaren ein. Ihre Kongregation hatte meine Reise geplant. Während der ersten Tage besuchte ich eine Reihe von Missionsstationen und ließ mir über die Situation berichten. Auf keinem Gesicht sah ich mehr ein Lächeln. Alle waren in tiefer Trauer. Ich hörte schauererregende Geschichten. Aber es gab auch immer wieder ein Aufatmen, wenn mir die Missionare, die Schwestern und Katechisten erzählten, daß Mitchristen aus dem Stamm der Tutsi unter Lebensgefahr Leute der Hutu versteckten und ihnen zur Flucht nach Zaire verhalfen. Es stand fest, daß es nicht ganz gelungen war, die Eliten der Hutu auszumerzen, gerade weil auch Gläubige aus dem bevorrechtigten Stamm mutig widerstanden. Doch immer wieder kam die Frage: Warum haben die Bischöfe nicht rechtzeitig und klar Stellung genommen?

Gleich nach meiner Ankunft hatte ich mich beim Erzbischof von Bujumbura anmelden lassen und um einen Besuchstermin gebeten. Ich erhielt ihn prompt. Die italienischen Missionare, die leidenschaftlich auf der Seite der Unterdrückten standen, hatten vermutet, daß der Bischof einer Begegnung mit mir ausweichen würde, da das Gespräch unvermeidlich peinlich sein würde. Ich war zuversichtlich, war er doch einmal mein Hörer gewesen. Ich kannte ihn als begabt und höflich. Zur Unterredung hatte der Bischof mehrere führende Männer der Diözese eingeladen. Er wußte ja genau, worum es ging. Der Empfang war durchaus freundlich, doch man spürte die schwergeladene Atmosphäre.

Ich legte kurz dar, welche Informationen ich in

dieser traurigen Sache erhalten hatte, natürlich mit der offenen Frage, ob alles genau so stimme. Dann gab ich die immer wieder gehörte Frage weiter: „Warum haben die Bischöfe nicht klar und rechtzeitig Stellung genommen?" Natürlich kannte der intelligente Bischof sowohl die Version der einen wie der anderen Seite. Das Gespräch blieb stets sachlich und konstruktiv. Es endete mit der Versicherung, alles zu tun, was jetzt noch getan werden könne, um der Versöhnung und der Gerechtigkeit zu dienen.

Nicht lange nach diesem Gespräch schickte der burundische Episkopat einen sehr begabten und guten Priester aus dem Stamm der Tutsi an unsere Academia Alfonsiana mit dem Auftrag, eine Dissertation über den Dienst der Versöhnung der Kirche in Burundi unter meiner Leitung zu schreiben. Ich freute mich sehr über die unparteiische Haltung dieses Priesters in dieser schrecklichen Sache der Stammesfehden wie auch über sein leidenschaftliches Eintreten für die Sache der Gewaltlosigkeit und der Versöhnung.

VI
Zaire

Von Bujumbura brachte mich der Missionsobere der Saveriani-Patres nach Bukuva in Zaire. Als wir der Grenze von Zaire schon ziemlich nahe waren, stießen wir auf zwei Männer, die bei einem Autounfall schwer verletzt worden waren. Wir nahmen sie mit, um sie sofort in ein Krankenhaus zu bringen. Ich staunte über ihre Geduld während der holprigen Fahrt. Nur eine große Sorge bewegte sie: niemand von ihren Angehörigen bei sich zu haben. Der Pater versicherte ihnen, daß er alles tun werde, ihre Angehörigen so schnell wie möglich zu verständigen, was auch geschah. Es gehört in Afrika zu den unabdingbaren Geboten und Traditionen, daß ein Kranker immer von einem Familienmitglied begleitet wird, wenn er ins Krankenhaus kommt. Der Angehörige kocht gewöhnlich auch das Essen für den Kranken. Jedes Krankenhaus hat die nötigen, wenn auch sehr armseligen Einrichtungen für diesen Dienst.

Meine wichtigste Aufgabe in Zaire war die Begegnung mit den Hutu, die dem Massaker entkommen waren. Diese Flüchtlinge bedurften starker Ermutigung; es war wichtig, sie auf die Zukunft vorzubereiten, denn sie gehörten zu den Eliten der Hutu; sie waren sozusagen „der heilige Rest". Ich hatte zahlreiche Treffen mit den führenden Persönlichkeiten. Dabei ging es mir um den Weg der Gewaltfreiheit und dauernden Versöhnung. Die Leute waren dafür sehr offen, lag es doch auf der Hand, daß auf dem Weg der Gegengewalt nichts zu erreichen war.

Ein dringendes Anliegen dieser Flüchtlingsgruppe war die Weiterbildung, ohne die die jungen Menschen nicht fähig wären, Mitverantwortung in Burundi zu übernehmen, wenn es zu einer Versöhnung komme. Ich selbst konnte kaum sehen, was ich dafür tun könnte. Doch kam mir die Vorsehung zur Hilfe. Bald darauf trat ich eine Gastprofessur in Washington an, wo ich bei der Jahresversammlung der Caritas sprach. Mein Vortrag gefiel einem Teilnehmer, der zu der katholischen Großfamilie gehörte, die die größte katholische Stiftung zu guten Zwecken verwaltete. So wurde ich zu ihrer Jahresversammlung in Phönix (Arizona) eingeladen. Auf dem Hinflug erinnerte ich mich intensiv an die Hutuflüchtlinge. Sollte ich nach dem Einkehrtag, bei dem ich zu predigen hatte, es wagen, eine Bitte vorzutragen hinsichtlich der Verteilung? Ich betete um ein Zeichen von oben. Bei der entscheidenden Sitzung wandte sich die Frau, deren Stimme offenbar besonders wichtig war, an mich: „Pater, Sie kennen sicher viel schreiende Nöte. An wen denken Sie besonders?“ Meine Bitte fand Gehör.

In Zaire gab ich einen zweiwöchigen Kurs, Exerzitien und Pastoralvorträge für italienische Missionare, auch Schwestern und Laien. Er fand in einem überraschend schönen Bildungshaus das am Kiwusee, ganz in der Nähe von Bukavu liegt, statt. Als ich dort ankam, ging gerade die Trockenzeit zu Ende. Der Anblick der Landschaft war entsprechend traurig. Doch schon nach wenigen Regentagen sah es aus wie im Paradies. In dieser Gegend gibt es jährlich drei Regenzeiten. Das bedeutet die Möglichkeit von drei Ernten. Niemand braucht zu hungern, wenn der Regen nicht ausbleibt.

Da es in Zaire wegen der sehr hohen Einfuhrzölle schwer ist, Meßwein zu beschaffen, brachten die Italiener von jedem Urlaub Rebzweige mit, um den Weinbau einzuführen. Mal für Mal verdorrten die Setzlinge. Doch schließlich gelang es einem Setzling, sich zu akklimatisieren, und zwar in einer erstaunlichen Mutation: es gibt drei volle Ernten im Jahr. Dreimal werden die Weinstöcke beschnitten, kein Zweig geht dabei verloren. Von überall kommen die Einheimischen. Und so breitete sich der Weinanbau phantastisch schnell aus. Bisher haben die Afrikaner dieser Gegend noch nicht gelernt, aus den Trauben Wein zu machen. Doch haben sie die meist oft zu einseitige Ernährung beachtlich verbessert.

Wie gewohnt gab ich auf Drängen der Einladenden täglich vier Vorträge, dazu eine Homilie bei der Eucharistiefeier. Trotzdem, der Aufenthalt war für mich eine Art Ferien. Das Klima ist überaus angenehm. Jeden Tag ging ich dreimal im Tanganjikasee schwimmen. Das Wasser ist rein und die Temperatur geradezu ideal. Das Haus wird von einheimischen sehr gastfreundlichen Schwestern geleitet. Auch die Kost war wohlschmeckend. Überhaupt hatte ich in allen Ländern Afrikas den Eindruck, daß die afrikanischen Köche aus dem, was sie haben, das Beste herausholten.

Selbstverständlich gab ich meinen Kurs auf Italienisch, während ich sonst in Afrika in der Sprache der ehemaligen Kolonialmächte des betreffenden Landes sprach. Sie ist bei der Vielzahl der Stämme und Dialekte ein verbindendes Element, wenigstens unter denen, die die Schule besucht haben. Bei meinem ersten Besuch in Ostafrika versuchte ich Ki-Swaheli zu lernen. Sie ist offizielle Landessprache in Tansania und Uganda und wird auch in Kenia und großen Teilen von Zaire verstanden. Diese Sprache ist nach meinem Empfinden nicht sehr schwer zu erlernen und wird wohl einmal eine der großen Weltsprachen sein. Dennoch brachte ich es nicht allzu weit, da ich nicht mehr das gute Gedächtnis meiner Jugend habe.

Wie fast überall wurden meine Vorträge auf Band aufgenommen und weiterverbreitet. Die Italiener machten daraus in kürzester Zeit ein Buch und verbreiteten es in ihren Missionen, sogar in Indonesien (Sumatra), wo ich ebenfalls für die Saveriani-Patres einen Intensivkurs gab. Überall ging es um Fragen der Inkulturation, erneuerte Moralverkündigung im Geiste des Zweiten Vatikanischen Konzils, und nicht zuletzt auch um die Synthese von Heilsverkündigung und Heilen, die ja gemäß dem Auftrag Jesu unzertrennlich und organisch zusammengehören.

Selbstverständlich machte ich beim Ortsbischof von Bukavu einen Höflichkeitsbesuch. Er empfing mich sehr herzlich, beklagte sich jedoch, daß ich meine Kurse in Italienisch hielt und seine Priester deshalb nicht eingeladen wurden. Sogleich vereinbarten wir zusätzliche Vorlesungen für seine Priester, Missionare usw., und dies natürlich auf französisch. Auch der Bischof nahm daran teil. Er überredete mich, aufs Jahr für mehrere Wochen wiederzukommen.

Zaire hat alle Chancen, einmal ein volkreiches und mit Wohlstand gesegnetes Land zu werden. Es hat hochbegabte Stämme. Sie sind, wenn man es so sagen darf, religiös begabt und schöpferisch. Zaire hat bislang als erstes Land eine von Rom approbierte eucharistische Liturgie, die einen ganz großen Schritt in Richtung Inkulturation bedeutet. Das Land ist auch führend in neuen Formen der Pfarrseelsorge, bei der die Laien eine bedeutende Rolle spielen.

Zaire hat jedoch nach der Entkolonialisierung harte Zeiten mit politisch manipulierten Stammesfehden durchgemacht. Mobutu gelang es schließlich, das Reich zusammenzuhalten. Aber überall hörte man schwere Klagen über seine diktatorischen Anwandlungen und die Umgestaltung des Landes zu einem Selbstbedienungsladen für sich und seinen Clan.

An dem Tag, an dem Zaire seine Selbständigkeit feierte, war ich in Brüssel, wo ich im Internationalen Katechetischen Institut „Lumen Vitae" Vorlesungen hielt. Ich fragte einen Jesuiten aus Zaire, wie er sich die Zukunft seines großen Landes vorstelle. Seine Antwort war: „Ich fürchte sehr, daß die Stämme von Zaire so ziemlich das gleiche tun werden wie die

Stämme Europas: die Vergeudung der Kräfte und Zerklüftung in Stammeskriegen. Doch hoffe ich sehr, daß sie diesen Unsinn schneller überwinden, als die Stämme und Völker Europas das gelernt haben."

Ein klein wenig habe ich die Unordnung im Land zu spüren bekommen: nirgendwo in Afrika waren die üblichen Kontrollen für Ausländer für mich so lästig wie in Zaire. Immer wird zuerst festgestellt, daß irgend etwas mit den Papieren nicht in Ordnung sei; ganz offensichtlich mit dem Ziel, vielleicht ein „Geschenk", eine Bestechung, zu bekommen. Dagegen hilft nur ein selbstbewußtes Auftreten und eventuell die energische Frage nach dem Namen des vorgesetzten Beamten. Man kann es den Kontrolleuren nicht sehr verübeln, denn ihr Lohn oder ihr Gehalt ist einfach zu gering. Doch mir als Priester erscheint eine – wenn auch unfreiwillige – Zusammenarbeit mit Korruption nun einmal nicht zulässig.

Die Kirche in Zaire ist nicht nur prozentuell stark. Sie hat auch eine kraftvolle Führung, die sich auch Mobutu gegenüber nicht willfährig zeigte. Mobutu mußte immer wieder einlenken oder nachgeben.

VII
Ruanda

Bei meinem ersten Besuch in Zaire war Ruanda nicht eingeplant. Auf dem Rückflug mußte ich jedoch in Kigali/Ruanda umsteigen. Als ich ankam, erfuhr ich, daß gegen die Fluggesellschaft, bei der ich gebucht hatte, eben ein Streik begonnen hatte. Ich ging also zur Missionsstation der Weißen Väter und bat um Gastfreundschaft. Man nahm mich herzlich auf. Schon nach kurzer Zeit erschien der Sekretär des Bischofs und überbrachte mir seine Einladung, während der Zeit des Wartens sein Gast zu sein. Es war vorauszusehen, daß es geraume Zeit dauern würde, bis ich weiterreisen könnte. So schlug mir der Bischof vor, diese Tage für einen Kurs zu nutzen. Wir begannen schon am nächsten Tag. Ich war erstaunt, wie viele Priester, Brüder, Schwestern und Laien kamen. Es war alles wie ein tagelang dauerndes Fest mit der Eucharistiefeier als Höhepunkt an jedem Tag.

Gerne ließ ich mir von der Rolle der Kirche bei der Versöhnung zwischen Hutu und Tutsi in Ruanda erzählen. Es war tröstlich zu erfahren, daß die junge Kirche dieses Landes unter Führung eines weisen Episkopats ein wirksames Zeichen der Versöhnung und des Ausgleichs sein konnte.

Der Rückflug nach Rom ging über Kairo. Beim Anflug konnte ich mir ein Bild von der ungeheuren Ausdehnung dieser Stadt machen, deren Ränder bis an die Wüste reichen. Auf dem Flugplatz kaufte ich eine Zeitung. Als ich nach dem Abflug darin einen Artikel las, in dem es hieß, daß die Aussichten einer Versöhnung mit Israel nicht schlecht stünden, erfuhren wir, daß der Krieg zwischen Israel und Ägypten ausgebrochen sei.

Die erste Begegnung mit der Kirche von Ruanda war für mich so beglückend, daß ich ohne Zögern der Bitte entsprach, im folgenden Jahr anläßlich meiner vorgesehenen Reise nach Zaire wieder nach Ruanda zu kommen, doch diesmal für etwas längere Zeit.

Bei den Katechisten

Während des zweiten Besuchs in Ruanda hatte ich zusammen mit dem Bischof von Kigali eine intensive Begegnung mit einer großen Gruppe von Katechisten. Wie auch in anderen Ländern Afrikas war diese Begegnung in Ruanda für mich eine große Ermutigung zur Hoffnung für die Zukunft der Kirche in Afrika. Im allgemeinen werden diese Männer sehr gut geschult. Während der Ausbildungszeit leben die angehenden Katechisten mit ihrer ganzen Familie im katechetischen Zentrum, wo auch die Ehefrauen eine angemessene Schulung erhalten, tragen sie doch die Last des Amtes mit und leisten vielfache

Dienste für die Heilssorge, vor allem in der Familienseelsorge.

Die Katechisten bilden das Rückgrat der afrikanischen Kirchen. Sie sind durchweg verheiratet und leben zweifellos den evangelischen Rat der Armut viel radikaler als der zölibatäre Klerus der katholischen Weltkirche. Sehr viele von ihnen könnten als Lehrer oder in anderen Berufen mehr verdienen, als was sie im Dienste der Heilssorge erhalten. Dies ist ihnen nur möglich dank der Hochherzigkeit ihrer Frauen. Ich habe in mehreren Ländern Einkehrtage oder Vorträge für die Katechisten gehalten. Immer wieder haben sie mich tief beeindruckt; ebenso, wenn sie mir bei Gottesdiensten oder anderen Anlässen als Dolmetscher behilflich waren.

Praktisch sind die Katechisten eine Art von Gemeindeleiter, denn die afrikanischen Pfarreien sind meistens sehr ausgedehnt, so daß der Priester vielfach nur ein paarmal im Jahr dazu kommt, jede einzelne Außenstation zu besuchen. Manche dieser Außenstationen haben die Größe unserer normalen Landpfarreien. Die Katechisten bilden sozusagen den „niedere Klerus" Afrikas, ohne jede Spur von Klerikalismus. Ich hoffe, daß die kommende Synode der afrikanischen Kirche dieser Tatsache Rechnung trägt und die Weichen für die Zukunft stellt.

Entwicklungshilfe durch die Mission

Anläßlich meines Besuches im Katechetenzentrum begleitete mich der Bischof auch zu der naheliegenden Schule für die weibliche Jugend. Dabei erfuhr ich viel Erfreuliches, unter anderem auch ein Beispiel unauffälliger Entwicklungshilfe: Die belgischen Ordensschwestern unterwiesen die heranwachsenden Mädchen nicht nur in Fragen des Glaubens und des Apostolats, sondern auch in wirtschaftlicher Hinsicht. So sah ich in einem großen Saal etwa fünfzig schon erwachsene Mädchen beim Sticken. Ich bewunderte ihre wunderbaren Handarbeiten und fragte eine der Ordensschwestern beiläufig, ob sie den Mädchen auch einen Lohn ausbezahlen können neben der Ausbildung, die sie erhielten. Die Antwort überraschte mich. Die Schwester erklärte mir, daß diese Stickarbeiten sehr gut verkauft würden, vor allem nach Europa, und daß jedes der Mädchen während der Ausbildungszeit mehr verdiene als ihr Vater, der in Betrieben, die von europäischen Ländern Entwicklungshilfe erhalten, einen Arbeitsplatz habe. Eine der Folgen dieser Chance war, daß sich die Mädchen ihre Aussteuer selbst verdienten und deshalb auch sehr viel unabhängiger seien bei der Wahl eines Ehemannes.

Kurzer Aufenthalt in Uganda

Beim zweiten Aufenthalt in Ruanda stand auf meinem Reiseplan ein Besuch in Uganda. Ich bat den Sekretär des Bischofs, mir das Visum zu besorgen. Dieser und auch sein Bischof redeten eindringlich auf mich ein, auf keinen Fall nach Uganda zu gehen. Fast niemand traue sich mehr, in dieses von einem grausamen Diktator geknechtete Land zu reisen. Doch ich ließ mich nicht abhalten. Auf dem Flugplatz von Kampala stieg aus dem großen Flugzeug außer mir nur ein einziger Passagier, der Generalsekretär des internationalen Gewerkschaftsbundes. Es wurden mir nicht die geringsten Schwierigkeiten bereitet. Da das Flugzeug nicht zur vorgesehenen Zeit eintraf, wartete niemand auf mich auf dem Flugplatz. Ich fand den Weg zur nächstgelegenen Missionsstation (Pfarrei) am späten Abend und wurde herzlich begrüßt: „Wie ist es möglich, Pater Häring, daß Sie zu uns kommen?“ Der afrikanische Priester, der mich empfing, war in Rom mein Hörer gewesen.

Das ostafrikanische katechetische Institut, an dem ich an den folgenden Tagen Vorlesungen gab, war drauf und dran, nach Kenia umzuziehen, da die Atmosphäre in Uganda immer unerträglicher wurde. Ich freute mich zu erfahren, wie tapfer sich die Bischöfe Ugandas für die Menschen und Menschenrechte einsetzten.

VIII
Togo

Im folgenden Jahr verbrachte ich den Großteil meiner Sommerferien mit intensiver Arbeit in den Ländern der Sahela, wo überall das Französisch als Amtssprache und auch als „Brücke" zwischen den zahllosen ethnischen Gruppen mit sehr unterschiedlichen Dialekten dient. Togo war einmal deutsche Kolonie. Vor allem zwei Beobachtungen erinnerten mich daran: Überall hörte ich bei den Gottesdiensten die bekannten Melodien unserer deutschen Kirchenlieder mit Texten einheimischer Dialekte; ein deutlicher Nachhall der deutschen Missionare, die in Togo den Grundstein der Kirche gelegt haben, zu der heute 25 Prozent der Bevölkerung gehören.

Aufforstung und Gefahr der Versteppung

Die zweite Beobachtung war der „deutsche Wald". In Togo, vor allem im Norden, fielen mir sehr bald Wälder auf, mit Bäumen, die wie in Deutschland in Reih und Glied stehen, so zuerst in Tansania, dann in Kamerun und schließlich auch in Togo. Die Deutschen haben als Kolonialmacht die Bedeutung der Waldpflege in den Kolonien erkannt und dementsprechend gehandelt. Die Wüste schreitet vor allem in der Sahela, südlich der Sahara, fast unaufhaltsam voran. Die Deutschen bebauten weite Landstrekken mit einer Baumart, die ursprünglich aus Japan eingeführt wurde und die sich sehr gut akklimatisiert hat.

An der zunehmenden bedrohlichen Versteppung der Länder der Sahela-Zone, zu der auch das nördliche Togo gehört, sind nicht zuletzt auch die Ziegen schuld. Die Leute brauchen das Holz zum Kochen. Sobald die meisten Bäume wiederausschlagen, kommen Hunderttausende von Ziegen und fressen alles restlos ab. Das Schlimme dabei ist, daß der Ziegenbock ein sakrales Tier ist. Nach der heidnischen Überlieferung in vielen Stämmen braucht man die Ziegenböcke als Opfertiere zur Sühne und zu vielem anderen. Die Befreiung vom Aberglauben wäre schon ein bedeutsamer Schritt der Entwicklung und ökologischer Vorsorge. Bei meinen Reisen durch die Länder der Sahela-Zone machten uns die Herden der herumstreunenden Ziegen und Ziegenböcke immer wieder zu schaffen. Am Abend und frühen Morgen lagern sie mit Vorliebe auf den Wegen und lassen sich erst in letzter Sekunde von einem Auto vertreiben. Das wird manchmal zur Nervenplage.

Was die so lebensnotwendige Aufforstung betrifft, habe ich mir an mehreren Orten erzählen lassen, daß die Missionare schon seit langer Zeit bei der Beichte das Pflanzen und Begießen eines Baumes gern als Buße aufgaben.

Der Süden von Togo ist üppig mit vielen Ölpalmen und anderen Bäumen. Dort gibt es auch jährlich zwei ausgiebige Regenzeiten.

Ein Fest mit einer Bruderschaft

Meinen ersten Kurs gab ich in Lome, der Hauptstadt von Togo. Fast alle afrikanischen Teilnehmer stammten aus der Ewwe-Gruppe, zu der fast 50 Prozent der Gesamtbevölkerung gehören, während die andere Hälfte sich in mindestens 35 ethnische Gruppen aufteilt.

Gleich zu Beginn bat mich ein Ewwe-Priester, einen ganzen Abend für die fromme Bruderschaft der Mutter von der immerwährenden Hilfe zu reservieren. Ich wunderte mich, daß in Togo solch eine Bruderschaft existiert, da es doch dort keine Redemptoristen gibt. Sie sind es nämlich, die auf der ganzen Welt die Verehrung der Mutter Gottes unter diesem Titel einführten und dazu auch Kopien des Gnadenbildes verbreiten, dessen Original in unserer Kirche Sant' Alfonso in Rom verehrt wird. Ich sagte dem Priester zu in der Erwartung, ein kleines Häufchen von Frommen zu treffen. Doch ich konnte nicht genug staunen, als ich Hunderte von Frauen im einheitlichen Gewand der Bruderschaft traf, ebenso Hunderte von Männern und viele Jugendliche. Die Gründung der Bruderschaft war vor Jahren von einem durchreisenden Redemptoristen angeregt worden und lag vollständig in der Hand der Laien.

Wieder gab es ein großartiges afrikanisches Fest.

Ich wurde überaus herzlich empfangen. Zunächst hielt der Vorsitzende eine schwunghafte Rede. Darauf folgten schöne Gesänge und schließlich mein Vortrag auf französisch, Absatz für Absatz übersetzt von einem Ewwe-Priester in der schönen melodiösen Ewwe-Sprache. Daran schlossen sich ergreifende liturgische Tänze an, die zuerst von den kleineren, dann von den größeren Mädchen vorgeführt wurden. Den Höhepunkt bildete aber der liturgische Tanz der jungen Männer. Er war eine kulturelle Glanzleistung und ein schöner, echt afrikanischer Ausdruck der Andacht. Danach folgten wieder Lieder. Schließlich wurde mir ein Dokument überreicht, in dem die Bitte um Angliederung an die Erzbruderschaft in Rom ausgesprochen wurde. Am Schluß wurde mir ein wertvolles Geschenk überreicht: Albe, Meßgewand und Stola, alles Heimarbeiten der Frauen, die offensichtlich ein ausgezeichnetes Farbempfinden besaßen. Die Farbigkeit der Kleidung, zumal der liturgischen Gewänder, gehört in Afrika einfach mit zur Verehrung Gottes, der den Afrikanern in der Natur die großartigste Farbenpracht vorführt.

Die Urkunde in der Hand überlegte ich mir, an wen ich dieses kostbare Geschenk weitergeben solle. Mir fiel unwillkürlich einer der Togolesenpriester ein, dem es bei meinem Kurs ganz offensichtlich schwer fiel, das Umdenken des Konzils mitzuvollziehen und der dies auch ganz offen zeigte. Er war Pfarrer in einer sehr armen Landpfarrei. Ihm schenkte ich alles. Es war gewiß nicht als eine Art Bestechung gedacht, wenn ich auch hundertprozentig sein Wohlwollen gewann. Dadurch gewann er psychologisch leichter einen Zugang zum Umdenken, der übrigens den meisten Afrikanern wohl kaum schwer fiel. Afrikas Kirche sah im Konzil Papst Johannes' XXIII. ein großes Hoffnungszeichen.

„Meine zwei Mütter"

Den Abschluß des Kurses in Lome bildete eine eindrucksvolle Feierstunde. Dabei löste sich die Zunge der Ewwe-Priester, die mit mir am gleichen Tisch saßen. Einer begann ergreifend von seinen zwei Müttern zu erzählen; sie seien die denkbar besten Freundinnen und würden kaum einen Unterschied zwischen den zweierlei Kindern machen. Darauf fragte ich andere Priester. Alle hatten zwei oder drei Mütter, was bedeutet, daß ihr Vater zwei oder drei Frauen hatte, und jede von ihnen wurde von allen Kindern als Mutter bezeichnet. Mein Interesse wuchs zunehmend, und ich erfuhr schließlich, daß alle anwesenden Priester ohne Ausnahme aus polygamen Familien stammten. Auf meine Frage, wie sich das erklären lasse, kam die einhellige Antwort: Die Missionare haben uns ausgewählt, weil wir aus guten Familien stammten. Jene Männer, die nur eine Frau haben, sind nur deshalb monogam, weil sie entweder zu wenig arbeiten oder zu viel trinken und darum nicht fähig sind, zwei Frauen zu unterhalten.

Von da an ging ich dieser Frage überall in Afrika

nach. So erzählte ich zum Beispiel in Rhodesia (Zimbabwe) vor einer großen Versammlung von Priestern aus dem großen Stamm der Schona das, was ich in Togo gehört hatte. Alle lächelten. Als ich den Grund wissen wollte, erhielt ich die Antwort: „Das ist bei uns ganz genauso. Es gibt bei uns keinen einzigen Priester aus unserem Stamm, der nur eine Mutter hat." Auch die Begründung, die sie mir gaben, war genau die gleiche. Die Eltern waren gläubig geworden, blieben aber wegen der polygamen Ehe nur Katechumenen, doch dies in bester Weise. Zur Taufe wurden sie zugelassen, wenn die zweite Frau starb oder wenn sie in Todesgefahr schwebten. Ich sprach über dieses Problem mit aufgeschlossenen Bischöfen in verschiedenen Ländern. Alle stimmten darin überein, daß hier eine Änderung notwendig sei.

Noch ist Hoffnung

Auch ganz im Norden des Landes, in Sokodé, gab ich einen Kurs. Ich wohnte in dem kleinen Haus des liebenswürdigen Bischofs. Er trug einen afrikanischen Namen, der auf deutsch „Noch ist Hoffnung" bedeutet. Seine Eltern hatten die ersten sieben Kinder, die ihnen geboren wurden, alle verloren. Als wieder ein Kind auf die Welt kam, waren sich alle Verwandten darüber einig, daß der Knabe den Namen „Noch ist Hoffnung" erhalten muß. Er wurde der erste Priester und später der erste Bischof, der aus seinem Stamm kam.

Für den ersten Sonntag lud mich der Bischof ein, in einer Landpfarrei den Sonntagsgottesdienst zu halten. Ich könnte die liturgischen Texte in Französisch lesen und auch in Französisch predigen. Der Katechist werde dann in die Stammessprache übersetzen. Ich staunte, mit welchem Temperament und sichtbarer Ergriffenheit er diese Aufgabe erfüllte. An diesem Sonntag feierte man das Fest der ersten Früchte, da zu dieser Zeit die ersten Jamswurzeln geerntet wurden; sie sind dort die Grundnahrung, ähnlich wie früher in vielen Orten Deutschlands die Kartoffeln. Die Jamswurzel ist mehr als zehnmal so groß als eine Kartoffel. Eine afrikanische Köchin kann aus ihr viele Gerichte zubereiten, die fast so schmecken, als wären dazu unsere Kartoffeln verwendet worden. Das Fest der ersten Früchte ist in Afrika ein großes Ereignis. Die Kirche hat es in ihren „Festkalender" übernommen. Den Anfang der Feier bildete in diesem Dorf ein feierlicher Einzug, bei dem getanzt wurde. Der Tradition entsprechend eröffnete die älteste Frau der Gemeinde den Tanz – und dies mit Grazie und Charme. Mir wurden vom Dorfoberhaupt drei der größten Jamswurzeln und drei kleine Steckwurzeln überreicht. Die drei großen Wurzeln reichten dem Bischof und mir fast für die ganze Woche. Die drei kleinen pflanzte der Bischof in seinem Garten.

Das Thema der Exerzitien und des Kurses handelte über konziliäre Erneuerung. Die Veranstaltungen fanden in einem geräumigen Haus statt, das von einem französischen Säkularinstitut als „Schule des

Gebetes" errichtet worden war. Sie pflegten einen Gebetsstil, bei dem Spontaneität große Bedeutung hat. Auch die Kochmädchen waren vor allem dort, um die Gebetsschule zu besuchen. Sie fragten mich gleich am Anfang, ob sie an den Exerzitien teilnehmen dürften. „Selbstverständlich!" Eine Missionarin flüsterte mir scheu zu, daß es doch sehr schwer fallen würde, in Anwesenheit einiger Missionare, die ungebührlich kritisch gegen den Bischof seien, spontanes Beten und Betrachten unter Austausch der Gedanken und Gebete zu pflegen. Ich versuchte es trotzdem. Die erste Betrachtung war über den Blinden von Jericho und sein Gebet: „Ich möchte das Augenlicht. Ich will sehen." Die afrikanischen Mädchen beteten so innig und bewegend um Heilung von jeder Art von Blindheit, daß sich tatsächlich etwas ereignete: Die zwei Hauptkritiker knieten nieder, bekannten ihre Sünde der Kritiksucht und baten den Bischof vor allen um Verzeihung. Seine Reaktion war so natürlich und so herzlich, wie man es von diesem demütigen Bischof erwarten konnte. Damit war eine außergewöhnliche Atmosphäre geschaffen.

Der Aufenthalt in Sokodé gehört zu meinen glücklichsten Erinnerungen.

IX
Burkina Faso

Togo grenzt im Norden an Burkina Faso (das frühere Obervolta). Es liegt an der Sahela-Zone, südlich der Sahara. Zu dem Kurs, den ich hier hielt, kamen auch Priester aus Algier. Sie waren mit ihrem Auto gekommen und hatten die Sahara durchquert; ein Grund mehr für mich, mit Freude und Hingabe zu arbeiten. Ich wurde im Hause des Bischofs Zoungrana untergebracht (der später zum Kardinal ernannt wurde). Während des Konzils hatte ich ihn durch meinen Mitbruder, den Bischof Hyazinth Berlier von Niamey, kennengelernt. Zoungrana ist ein feinfühliger, vornehmer Afrikaner. Das Bischofshaus, in dem er lebt, kann man durchaus als elende Bruchbude bezeichnen; unten sind die Verwaltungsräume, oben zwei große Schlafräume, einer also für mich.

Die erste Nacht brachte eine nicht geringe Überraschung. Kaum war es dunkel, flogen Schwärme von Fledermäusen über mir herum. Es gab ja keine Fenster in meinem Zimmer, die man hätte schließen können; aus gutem Grund, denn der Durchzug der Luft ist in diesem Klima eine Wohltat. Hätte es sich um ein paar Fledermäuse gehandelt, wäre ich wohl versucht gewesen, etwas zu tun, was in Afrika unter den Begriff Sünde gegen den Schöpfer fällt. Man darf ja keine Fledermaus töten, denn sie sind unbezahlbare Schutzengel gegen die Moskitos. Als ich einige Jahre später Bischof Zoungrana wiedertraf, fragte ich ihn, ob er immer noch so viele Fledermäuse beherberge. Seine Antwort: „Es sind wohl nur noch Hunderte, nicht mehr Tausende, da man mein Haus repariert hat, und viele Fledermäuse dort jetzt keinen Unterschlupf mehr finden." Da gibt es kein anderes Heilmittel, als sich daran zu gewöhnen und die gute Seite der Sache in den Blick zu bringen.

Die einheimischen Schwestern und Priester

Nur kurze Zeit nach meiner Ankunft stellten sich Ordensfrauen bei mir vor, darunter auch die Oberin der einheimischen Schwesternschaft. Sie beschwerten sich, daß man für sie nur einen einzigen Tag reserviert hatte. Daß sie nicht an der Sitzung für den „Klerus" teilnehmen konnten, war ihnen einsichtig: die Räumlichkeiten reichten dafür einfach nicht aus. Da ich nach Abschluß des Kurses von Burkina Faso direkt wieder nach Rom zurückkehren wollte, konnte ich meine Pläne ändern und gab eine ganze Woche für die Schwestern dazu. Schon zur Genüge hatte ich gelernt, welche Bedeutung die Schwestern für Afrika haben.

An meinem Kurs nahmen auch zahlreiche Redemptoristen teil, die unserer Ordensprovinz von Paris angehören. Sie betreuen eine ganze Diözese.

Die meisten Missionare gehören aber zu den Weißen Vätern. Burkina Faso hatte schon damals einen sehr guten Grundstock von einheimischem Klerus. Ähnlich wie beim schon erwähnten Stamm der Dagarti in Ghana besteht unter den mit ihm verwandten Hauptstämmen von Burkina Faso ein hoher Grad der Befähigung für den Zölibat, so daß man ihm nicht mit Abneigung begegnet und es auch keine nennenswerten Verstöße gegen ihn gibt. So wurde mir auch von Franzosen berichtet.

Das Evangelium tanzen

Am frühen Morgen konnte ich von meinem von den Fledermäusen so eindrucksvoll beschützten Schlafraum aus ein Schauspiel beobachten. Noch vor Sonnenaufgang strömten Frauen und Männer zur Katechese in das gegenüberliegende Missionshaus. In regelmäßigen Abschnitten standen sie vom Unterricht auf und prägten sich das Gehörte im Tanz ein, bzw. sie gaben ihrer Freude darüber im Tanz sichtbaren Ausdruck.

Ich sagte „am frühen Morgen". Fast überall in Afrika beginnt das Leben wirklich am frühen Morgen, denn da ist es noch verhältnismäßig kühl. Als es noch das strenge Gesetz der eucharistischen Nüchternheit gab, konnte auch die Sonntagsmesse nur am frühen Morgen stattfinden, denn um gesund zu bleiben, muß man in Afrika viel trinken. So machten mich die Gastgeber überall als erstes auf den großen

Tonkrug mit Wasser aufmerksam und mahnten mich, ja das Trinken nicht zu vergessen. Es ist schlechthin eine Frage des Überlebens. In Ouagadougou, der Hauptstadt von Burkina Faso, sah ich kaum ein Auto. Zur Katechese und zur Messe kamen sehr viele Leute mit dem Fahrrad, das sie nicht abgeschlossen vor der Kirche abstellten. Offenbar hat man hier keine Angst vor Dieben.

Das Evangelium schlägt Wurzeln

Ein Priester schenkte mir ein Psalterium, das er ins Französische übersetzt hatte. Es war keine Wortübersetzung, sondern all die Bilder des Psalters waren hier in Bildern des Lebens von Burkina Faso wiedergegeben. Mir gefiel dieser Psalter sehr, und lange Zeit betete ich ihn auf diese Weise mit. Ich halte ihn für einen gelungenen Versuch der Inkulturation.

Während der letzten Nacht vor meiner Rückreise nach Rom wurde im Bischofshaus unten Totenklage für einen relativ jung verstorbenen einheimischen Priester gehalten. Ich nahm auch teil daran. Oft hatte ich in Afrika die einheimische Totenklage von Nichtchristen erlebt. Sie dringt durch Mark und Bein. Doch wie ganz anders war diese Totenklage. Ganz im Geist des Zweiten Vatikanischen Konzils war es Glaubensfeier, Lobpreis der Auferstehung. Ich freute mich darüber so sehr, daß ich kaum Müdigkeit spürte. Wieder einmal erlebte ich intensiv die befreiende Kraft des Evangeliums.

X
Niger

Ein Minikonzil

Bischof Berlier und meine Mitbrüder, denen die Mission in Niger anvertraut ist, luden mich zu einem „Minikonzil" ein. Dabei sollte ich mit ihnen die Anwendung des Konzils auf die kleine Christengemeinde im Innern Westafrikas überdenken. Nicht nur die Priester, sondern alle, die in der Kirche in Niger mitarbeiten, nahmen an den Beratungen teil, nicht zuletzt auch die Schwestern und die Katechisten. Nochmals erlebte ich die Hochstimmung des Konzils, die mich an die ersten Christengemeinden der Apostelgeschichte erinnerte. Alles ist Einfachheit und Armut. Andererseits kann die kleine Christenheit dank der Großzügigkeit der Heimat viel für die Ärmsten tun.

Dialog mit den Muslimen

Das Verhältnis der Christen zu den Muslimen in Niger ist ungewöhnlich gut. Der Bischof und alle Mitarbeiter sind auf den Dialog, auf Freundschaft eingestellt. Sie gehen hinaus in die Dörfer (z. B. der Tuareg) und betrachten mit ihnen die Ereignisse der Bibel. Sie kennen auch den Koran und sehen Anknüpfungspunkte. Besonders angesprochen fühlen sich die Einheimischen durch die Geschichte von der Rückkehr des verlorenen Sohnes. Sie nehmen aktiv und spontan an der Betrachtung und am Gebet teil. Und wenn die Patres weiterziehen, hören sie oft: „Kommt bald wieder! Wenn ihr da seid, können wir besser beten und werden bessere Menschen."

In diesem Klima kann man es verstehen, daß ich eingeladen wurde, in der Hauptstadt Niamey auch Vorträge für Muslime zu halten. Der Besuch war sehr gut. Im ersten Vortrag sprach ich von Jesus als dem Propheten: wie er an den Erfahrungen, Freuden und Leiden der Menschen anknüpft und alles in das rechte Licht stellt, Mut macht ... Im letzten Vortrag sprach ich von Jesus als dem vollkommenen Monotheisten. Der Ein-Gott-Glaube gehört ja zum Herzstück des Islam. Ich veranschaulichte den Monotheismus Jesu daran, daß er von Menschen errichtete Schranken niederriß: Wie er den Mann aus Samaria wegen der Erfüllung des großen Gebotes der Liebe als Vorbild hinstellte, aus der von vielen verachteten Frau von Samaria eine Jüngerin machte, den Glauben der Syrophönizierin und des römischen Hauptmanns pries. Vor diesem Hintergrund sprach ich von unseren Versuchungen gegen den Monotheismus: engherziger Individualismus, Ungerechtigkeit zugunsten der eigenen Sippe und von Interessengruppen, Stammesfehden.

Ich war nicht wenig überrascht, als aus der Diskussion, zu der ich am Ende einlud, ein eindringlicher Bußgottesdienst wurde. Frauen und Männer drückten ihren Schmerz darüber öffentlich aus, daß sie nun entdecken mußten, noch keine wahren Monotheisten zu sein. Viele baten mich zu beten, daß wir alle wie Jesus wirkliche Monotheisten würden. Ich dachte am Schluß an die Worte Jesu: „Einen solchen Glauben habe ich in Israel noch nicht gefunden." Diese Sehnsucht, daß doch der Ein-Gott-Glaube das ganze Leben präge, ist ein großartiger Ausdruck des Glaubens. Ich sage nicht, daß es ein vollständiges Glaubensbekenntnis ist, wohl aber Bekenntnis einer tief verwurzelten Glaubenshaltung.

Auch die Laien haben das Wort

Ein großes Erlebnis in Niger waren für mich die Gesprächsabende mit Laien. Bischof Berlier hatte mir nach Rom geschrieben, daß während meines Besuches eine Gruppe führender Laien aus Niger, Obervolta und Togo für eine Woche nach Niamey kommen wollten. Für sie seien eine Woche lang alle Abende reserviert. Ich schrieb ihm, er möge mir die Themenwünsche der Laien mitteilen. Ihre Antwort war: „Wir wollen keine vorbereiteten Vorträge, sondern einen Dialog. Der Mann aus Rom soll von uns einmal brühwarm hören, was uns auf dem Herzen brennt."

Ich lernte in jener Woche sehr viel. Am tiefsten

prägte sich mir das lange Gespräch über die Evangelisation der in polygamen Familien lebenden Menschen ein. Ich bat diese wache und kluge Gruppe von Laien, mir einmal ihre Auffassung darüber vorzutragen, wie sich die Kirche in dieser Frage verhalten solle.

Alle waren sich darin einig, daß die Polygamie ein überaus vielschichtiges Problem ist. Man könne sehr wohl zwischen sozial gebilligter Polygamie und sozial stark mißbilligter und maßloser Vielweiberei unterscheiden. Diese Christen der ersten und zweiten Generation machten sich Gedanken darüber, daß einerseits Gott im Alten Testament gegen die sozial gebilligte Polygamie nichts einzuwenden hatte, andererseits aber die Kirche in diesem Punkt sehr streng sei.

In Afrika ist die Ehe ein Bund zwischen Familien. Die Zurückweisung der zweiten oder dritten Frau ohne sozial gebilligten Grund gilt als großes Unrecht, das den Ehrverlust nach sich zieht. Die sozial gebilligte Polygamie trug bei den gesunden Stämmen Afrikas sicher mit dazu bei, daß es dort die Prostitution praktisch nicht gab. Die Frauen wurden bald nach der Geschlechtsreife in die Ehe gegeben; und so gab es wenig Gelegenheit für voreheliche, außereheliche Beziehungen. Da der Mann nach bester afrikanischer Tradition vor der Heirat durch harte Arbeit und Sparsamkeit einen Teil des Brautpreises aufbringen muß, hat das spätere Familienoberhaupt gewöhnlich die nötige Reife erworben. Die sozial gebilligte Polygamie nimmt keinem Mann und auch keinem unbescholtenen Mädchen die Chance für eine Heirat. Ein plötzlicher Wandel würde viele Härten und soziale Unordnung nach sich ziehen. Besonders das kirchliche Verbot der Leviratsehe, die im Alten Testament ungemein streng geboten war, bringt in Afrika viel Herzeleid und Feindschaften.

„Aber, was soll die Kirche nun tun?" war meine eindringliche Frage. Man war sich nicht darüber einig, ob die Kirche für die Getauften die Polygamie, mit Ausnahme der Leviratsehe, streng verbieten soll und wie ein organischer Übergang vorbereitet werden könnte. Mehrere Gesprächsteilnehmer plädierten dafür, daß für die Getauften das Eingehen einer Zweit- oder Drittehe verboten werden sollte. Alle stimmten darüber überein, daß die Kirche auf die Monogamie, auch im Blick auf die volle Würde der Frau, hinarbeiten soll. Dagegen waren die Männer und Frauen der festen Überzeugung, daß die Kirche wohlgeordnete polygame Familien in die Kirche aufnehmen, taufen und zur Kommunion zulassen solle, und zwar ohne gravierende Auflagen.

Nur eine Stimme meldete sich dagegen. Eine Ärztin, die in Frankreich studiert und in Paris eine Praxis betrieben hatte, wandte ein, daß die Afrikaner dann leicht den Eindruck gewinnen könnten, die Kirche sei für den Weiterbestand der polygamen Familienordnung; sie seien wohl kaum in der Lage, klar zu unterscheiden zwischen der Toleranz gegenüber jenen, die vor der Bekehrung zum Glauben die polygame Familie gegründet hatten, also jenen, die nach

Auffassung der Mehrheit der Anwesenden ihre polygame Familienverfassung beibehalten könnten (und sollten), insofern sie vor der Glaubensbekehrung vorgegeben sei, und der Situation derer, für die die Monogamie, die Einehe, als strenge Norm gelten soll.

Am folgenden Abend gab es für mich eine große Überraschung. Die Ärztin, die diesen Einwand vorgetragen hatte, bat alle Teilnehmer um Verzeihung und brachte – nach gut afrikanischer Art – ein Versöhnungsgeschenk. Man habe ihr, wie sie sagte, wohl mit Recht vorgeworfen, daß sie sich aufgrund ihrer Ausbildung im Ausland eine höhere Unterscheidungsgabe zuschreibe als ihren afrikanischen Schwestern und Brüdern.

Ich habe eine Reihe von Dissertationen afrikanischer Doktoranden über die Frage der Polygamie geleitet und zwar jeweils für ihren eigenen Stamm, ihre eigene Diözese und ihre eigenen Nachbarstämme. Ein Doktorand aus Kamerun begann mit einer Rundfrage in seiner Diözese. Er legte eine Reihe von Modellen vor, wie die Kirche den Übergang bewerkstelligen soll. Es war für mich höchst interessant, daß folgendes Modell fast einhellig Zustimmung fand: Man solle sowohl den polygamen Ehemann wie auch seine Frauen taufen – vorausgesetzt, es handle sich um eine sozial gebilligte Form der Polygamie –, doch habe der polygame Mann auf das Recht zum Eheverkehr mit der zweiten bzw. dritten Frau zu verzichten; die Ehefrauen jedoch sollten von ihrem Recht auf Mutterschaft und damit auch der geschlechtlichen Begegnung Gebrauch machen können. Eine Begründung lautete: so trete die Kirche auf angemessene Weise für die Würde der Frau ein, ohne etwas zu verlangen, was die Frau sehr hart treffen würde.

Die langen Abende mit den Laiengruppen in Niamey bleiben mir unvergeßlich. Was für wunderbare Menschen und welchen Eifer zeigten sie für den Heilsdienst der Kirche.

XI
Tschad/Kamerun

Obwohl der Tschad an den Niger angrenzt, gab es für meine Hinreise keinen anderen Weg als die Flugreise über Kamerun. Da dort ein Flug ausfiel, verspäteten wir uns und kamen erst tief in der Nacht an, so daß niemand mehr am Flugplatz war, um mich abzuholen. Ich wußte nicht, wie ich in die Missionsstation der Weißen Väter kommen sollte, und fuhr deshalb mit anderen Fluggästen mit, die in einem Hotel ein Zimmer vorbestellt hatten. Ich war schließlich heilfroh, daß man für mich noch einen Platz fand. Ich schlief sofort ein. Als ich aber nach ein paar Stunden plötzlich aufwachte, merkte ich, daß mein Gesicht und meine Arme vollständig zerstochen waren. Die afrikanischen Moskitos verstehen ihr Handwerk bedeutend besser als unsere heimischen Stechmücken. Sie leisten ganze Arbeit. Von Schlaf konnte keine Rede mehr sein. So gab ich wieder meiner Vorliebe für die „Gebete in der Arche" nach. Was ist wohl das seltsame Gebet der Moskitos? „Lästig, lästig, lästig, lieber Herr, ist die Arbeit, die du uns zugewiesen hast. Du kannst mit uns zufrieden sein. Wir besorgen unser Geschäft gründlich. Aber laß doch deine verwöhnten Menschen wissen, daß wir auf diesem Gebiet das Monopol beanspruchen. Sie sollten doch von jeder Art von Nadelstichpolitik die Finger lassen! Amen." So verging die Nacht doch gut. Am frühen Morgen meldete ich mich mit geschwollenem Gesicht auf der Missionsstation.

Ich gab einen sehr gut besuchten Kurs, der auf dem Gebiet des angrenzenden Kamerun stattfand, mit Teilnehmern aus beiden Ländern. Der Andrang war so groß, daß viele im Schlafsack im Freien übernachteten. Ich fand einen Platz in einer afrikanischen Strohhütte. Aber der Geist war bei allen großartig. Als der Proviant langsam knapp wurde, meldete sich ein Teilnehmer, er habe seinen Jagdschein bei sich. Nach wenigen Stunden kam er mit zwei erlegten Wildschweinen zurück. Sie wurden zu einem Lekkerbissen.

Besuch beim Oberhäuptling

Im Tschad stand ein „Staatsbesuch" bzw. Freundschaftsbesuch beim Oberhäuptling des größten Stammes im Süden auf der Tagesordnung. Es war ein großes Ereignis für mich und auch für die Mission. Der Oberhäuptling hatte als junger Mann in der französischen Armee gedient und es zu Rang und Würden gebracht. Als er dann Häuptling war, rief er die Mission in sein Gebiet. Da er als einziger des Stammes Französisch sprach, half er den ersten Missionaren als Dolmetscher und auch bei der Übersetzung der Evangelien und der Meßtexte. Er war zweifellos der größte Wohltäter der Mission und ein tiefgläubiger Mann. Doch da er standesgemäß als Häuptling drei Frauen hatte, konnte er nicht getauft werden. Aber in der Kirche besaß er einen Ehrenplatz. Als der Oberhäuptling des großen Stammes, dessen Gebiet sich sogar weit nach Kamerun erstreckt, starb, ererbte er der Tradition entsprechend die zahlreichen Frauen des Oberhäuptlings, unter ihnen auch junge Frauen. Er näherte sich keiner von ihnen, verlangte auch von keiner irgendeinen Dienst, sondern sorgte vornehm für alle. Auch das genügte nicht, um die Taufe zu erhalten. Dann wurde er schwer krank und bat dringend darum, getauft zu werden. Sein bester Freund, der Missionar, der als erster auf seinen Ruf hin nach Tschad gekommen war, hätte ihn von Herzen gern getauft. Dennoch gab er zu bedenken: „Du bist noch nicht so krank. Solltest Du wieder gesund werden, könnten wir ein Problem bekommen." Darauf erwiderte der Oberhäuptling: „Wie krank muß ich denn werden, damit es kein Problem mehr gibt?"

Kurz zuvor hatte der zuständige Bischof an mich die Bitte gerichtet, eine ausführlich begründete Darstellung der Lösung des Problems der Stufenehe auszuarbeiten. Als ich dieses Gutachten absandte, fügte ich in einem Brief hinzu: Nun ist es wohl auch Zeit, sich mit der Taufe der vorbildlichen Katechumenen zu befassen, deren polygame Familiengründung der Missionierung vorausliegt. Unter anderem konnte ich darauf hinweisen, daß Lösungsversuche gar nicht so neu seien. Schon der fünfte Ordensobere der Gesellschaft Jesu, P. Acquaviva, habe die

Missionare aufgefordert, in so neuen Fragen nicht engherzig zu sein.

Daraufhin beschloß der Bischof, alle Priester und Katechisten seiner Diözese konkret zu diesem Fall zu befragen und ließ sie wissen, daß er die Taufe des Oberhäuptlings gestatte, wenn alle Priester und Katechisten dies empfehlen würden. Die einstimmige Antwort kam umgehend.

Am folgenden Pfingstfest wurde der Oberhäuptling, der inzwischen wieder gesund geworden war, feierlich getauft. Es war wohl das größte Stammesfest, an dem auch die Nichtchristen teilnahmen. Beim Tanz nach der Tauffeier sangen viele: „Er ist unser aller Vater. Er ist unser bester Mann!" Es war nicht nur ein Stammesfest, sondern auch ein großes Ereignis der Evangelisation.

Der Oberhäuptling empfing mich auf seinem Häuptlingsstuhl sitzend, also betont als Häuptling, mit großer Herzlichkeit und zugleich mit großer Würde. Es war für uns beide ein großer Tag.

Kinderlose Ehe

Ein anderer Besuch galt einem Katechisten und seiner Familie. Er war der Oberkatechist, eine Art Dekan der Katechisten der Diözese oder des bestimmten Gebietes; ein in vielem vorbildlicher Mann, besonders aber in einer Sache, die für die Zukunft der kirchlichen Ehepastoral wichtig ist. Seine Ehe blieb kinderlos. Nach vielen Jahren ging er zum Arzt und erhielt von ihm den Bescheid, daß er die Ursache der Unfruchtbarkeit der Ehe sei. Er und seine Frau fanden sich damit ab. Trotz des starken Drucks von seiten der Verwandtschaft kam eine Trennung für beide nicht in Frage, was allerdings leichter verweigert werden kann, wenn der Mann die Ursache der Kinderlosigkeit ist. Sie adoptierten ein Waisenkind, das inzwischen zu einem bildhübschen Mädchen herangewachsen war. Man sah ihr an, wie sehr sie von ihren Eltern geliebt wird.

Solche Vorbilder hervorzuheben, ist Ausdruck einer parakletischen Pastoral, die auf Ermunterung und nicht auf Sanktionen setzt. Hier sind die neuen Ahnenreihen, hier sind die afrikanischen Heiligen.

„Die beste Kleidung“

Eines Sonntags nahm mich ein Pfarrer zur Meßfeier in sein abgelegenes Dorf mit. In der dicht gefüllten Kirche gab es nur uns zwei, die mehr am Leib hatten als das Adamskostüm. Anderswo in Afrika erzählte man mir, daß der Missionspfarrer die Gläubigen seiner Gemeinde aufforderte, an Ostern in den besten Kleidern zur Kirche zu kommen. Doch alle kamen nackt und sagten, das sei das Gewand, das Gott dem Menschen am Schöpfungsmorgen mitgegeben habe. Der Missionar versicherte mir, daß die Sexualmoral in dieser Gegend nichts zu wünschen übrig lasse. Wenn jedoch Fremde die Einheimischen herausfordernd anschauten, würden sie sich verbergen.

XII
Südafrika

Im Dienste gewaltloser Befreiung

Da in meinen Augen gewaltlose Konfliktlösung einen hohen Vorrang hat, nahm ich soweit wie möglich jene Einladungen an, die mir Gelegenheit geben könnten, etwas zu gewaltfreier Befreiung und Versöhnung beizutragen. Dazu war ich schon früher in Burundi, in Brasilien, in Irland. Deshalb nahm ich die Einladung des südafrikanischen Episkopats, zusammen mit dem belgischen Dogmatikprofessor Piet Fransen Vorlesungen für die „Winterschule" zu übernehmen, gern an. In Südafrika ist es Winter, wenn wir Sommerferien haben. Schon mehrere Jahre hatte man diese Winterschule zur Fortbildung des Klerus und aller in der Heilssorge Tätigen durchgeführt. Die Kurse fanden in den verschiedenen Zentren nacheinander statt. Auch die anglikanische Kirche beteiligte sich an ihnen. Noch einen Tag vor meiner Abreise war es unsicher, ob mir das Visum erteilt wird. Offenbar stand ich schon auf einer schwarzen Liste. Doch die Zähigkeit von Bischof Hurley (Durban) hatte schließlich Erfolg.

Es war eine große Freude, mit Piet Fransen S. J. zusammenzuarbeiten. Auch sein unverwüstlicher Humor war ein unersetzlicher Beitrag. Bisher hatte ich in Afrika alle Kurse allein bestritten, in Südafrika brauchte ich nur am Vormittag oder Nachmittag Vorlesungen zu halten, je nach dem, wie ich mich mit Pater Fransen absprach. Jede Woche hatte ich einen öffentlichen Abendvortrag, der sehr gut besucht war. Die Vorbereitung hatte sehr geschickt geplant. Zuerst sprach immer ein (schwarzer) Afrikaner oder eine Afrikanerin, meistens sehr sanft, wenn auch klar der Sache nach. Ich konnte deutlicher sprechen, da mir ja nicht viel passieren konnte. Eine zeitweise Festnahme oder auch eine bloße Zwangsabschiebung hätte meine Glaubwürdigkeit in ganz Schwarzafrika nur gesteigert.

Der erste Kurs fand im Priesterseminar von Pretoria statt, das an sich ausschließlich dem weißen Klerus vorbehalten war. Wegen der Rassengesetze mußte die Kirche getrennte Seminare unterhalten: für die Weißen, die Schwarzen und die Mischlinge. Es war jedoch von vornherein mit P. Fransen und mir abgesprochen, daß das von uns mitgestaltete Winterseminar eine systematische Gesetzesübertretung bedeuten wird. Die Vorträge sollten nicht nur von Menschen aller Farben besucht werden, was für das Regime noch tolerierbar war, vielmehr sollten die Teilnehmer auch in einem Haus zusammenwohnen. Die Seminaristen hatten gerade damals schon die Bischöfe ausdrücklich gebeten, die Rassentrennung in der Ausbildung des Klerus radikal abzuschaffen, wie immer auch das Risiko sei.

Als ich in mein Zimmer eingezogen war und zum Fenster hinausschaute, beobachtete ich etwas Ergreifendes: Ein etwa zehnjähriger Junge näherte sich dem Haus. Sobald ein Auto kam, versteckte er sich hinter einem Baum. War die Luft rein, rannte er auf zwei schwarze Kinder zu, holte aus seinen Hosentaschen irgendwelche kleinen Geschenke und gab sie ihnen. Es war ein frohes Treffen von Freunden, nur gestört durch die offensichtliche Angst, man könnte sie ertappen. Ich hätte dieses Bild am liebsten gefilmt, als ein eindringliches Erlebnis und Zeichen der Hoffnung.

Der Bischof von Pretoria empfing mich bald nach meiner Ankunft. Er wünschte mir die Kunst, den notwendigen Freimut mit der ebenso notwendigen Vorsicht zu verbinden, und machte mich darauf aufmerksam, daß alle meine Kurse und Abendvorträge mit Sicherheit von Spionen besucht werden würden. Ich begann in dem großen, voll gedrängten Saal mit der Anrede:

„Lieber Vater Bischof, meine lieben Schwestern und Brüder und meine vielgeliebten Spione (‚most beloved spies'‘)." Und ich erklärte diese Anrede: „Dies ist keineswegs Ironie. Ich möchte wünschen, in all meinen Vorträgen viele von Euch Spionen gegenwärtig zu haben. Als Vertreter der Gewaltfreiheit Gandhis glaube ich an das Gute auch im Gegner. Und ich werde versuchen, den Weg zu eurem Herzen zu finden, euch zu helfen, das Beste in euch selbst neu zu entdecken." Ich sagte auch schon im ersten Vortrag, daß man mich überall in den afrikanischen Ländern gefragt habe: „Was denkst du von der Rassentrennung in Südafrika und Rhodesia?"

Ich sprach selbstverständlich nicht nur zur Frage der gewaltfreien Befreiung. Auch in Südafrika hat die Kirche ja viele andere Probleme der Inkulturation und der Verwirklichung der vom Zweiten Vatikanischen Konzil verlangten Erneuerung. Doch die Überwindung der Rassentrennung und die Schaffung einer geschwisterlichen, demokratischen Gesellschaft blieb der rote Faden, vor allem auch in den Diskussionen und noch mehr bei den Abendveranstaltungen für eine breitere Öffentlichkeit. Gerade hierin versuchte ich die mir so teure parakletische Rede: „Gott traut euch diese Umwandlung, diese Versöhnung zu. Traut euch selbst Großes zu! Ihr glaubt alle an den einen Gott und Vater aller. Habt den Mut, euch auch angesichts der brennenden Probleme zu erforschen, wie es mit eurem Ein-Gott-Glauben steht. Im Grunde muß doch auch der weiße Christ, der für die Apartheid ist, spüren, daß es hier um sein Gottesbild, ja um den Kern seines Glaubens geht.

Immer wieder sprach ich aus, wie sehr mich die Frage quält: Wer beleidigt und lästert Gott mehr: der eine, der angesichts der Ungerechtigkeit, die Christen im Namen Gottes verewigen wollen, sich zum Atheismus bekennt und behauptet, es könne doch einen solchen Gott nicht geben, oder die Apartheidvertreter, die ihrem Gott großartige Gotteshäuser bauen, sich aber nicht scheuen, Menschen nur deswegen, weil sie eine andere Hautfarbe haben, von dort wie räudige Hunde wegzujagen?

Rassentrennung ist in sich schlimm, eine Schande ohnegleichen. Aber das Schlimmste daran ist zweifellos, daß man dies religiös begründen will. Was für eine Religion, wenn sie nur dazu dient, Menschen mit anderer Farbe zu entwürdigen und zu unterdrükken, ja auszubeuten! Ebenso sprach ich immer wieder die Einladung an die weißen Rassisten aus, sich auf Entdeckungsreise zu begeben. Sie könnten noch eine großartige Entdeckung machen, nämlich daß sie nicht nur weiß, d.h. farblos sind, sondern daß sie sogar Menschen mit einzigartiger Würde vor Gott sind. Diese Entdeckung könnten sie jedoch nur dann und in dem Maß machen, wie sie die gleiche Personwürde in ihrem farbigen Nachbarn ehren. „Arme Menschen, die stolz darauf sind, farblos und reich zu sein, aber nichts von ihrer Menschenwürde wissen, ja sie sogar ostentativ für weniger wichtig halten als die Hautfarbe!"

In vielen Städten Südafrikas machte ich Spaziergänge, Erkundungsgänge in die Viertel der Reichen und in die Wohngebiete der schwarzen Bevölkerung weit draußen. In den Vierteln der Weißen entdeckte ich großartige Villen mit wohlgepflegten Gärten, in denen schwarze Gärtner arbeiteten, die jeden Morgen und Abend einen weiten Weg zurücklegen mußten, um in ihren armseligen Hütten zu übernachten. In jedem Garten sah ich große, gut gefütterte Hunde – und im Kontrast dazu auf den Straßen immer wieder schrecklich unterernährte dunkelhäutige Kinder.

Bei einem meiner Spaziergänge durch die reichen Viertel von Durban hörte ich einmal ein fürchterliches Schreien. Ein wohlbeleibter Weißer schrie auf einen abgerackerten schwarzen Mann ein. Ich ging, ohne ein Wort zu sagen, zu dem schwarzen Mann und stellte mich dicht neben ihn. Der Schreier schien mich gar nicht zu sehen und tobte weiter. Da kamen ein paar schwarze Männer und stellten sich einer nach dem anderen neben mich. Auf einmal gingen dem Schreier die Augen auf; er bekam es mit der Angst zu tun und machte sich davon. Und doch hatten wir bei alldem nicht das geringste Zeichen von Angriffslust gegeben.

Auf den Spuren Gandhis

Eines meiner unvergeßlichsten Erlebnisse war mein Besuch bei der Gandhi-Familie außerhalb von Durban. Mein Besuch war von Bischof Hurley verabredet worden, einem der mutigsten Gegner der Apartheid, dem auch das Umdenken manchen Bischofs mit zu verdanken ist. Als ich beim Haus der Gandhi-Familie ankam, ging gerade ein tropisches Gewitter nieder. Ich schlug den Gong an. Von drinnen kam eine laute Männerstimme: „Sorry! Ich kann sie leider nicht hereinlassen, da ich zu Hausarrest verurteilt bin und keine Gäste empfangen darf." Ich antwortete ebenso laut: „Ich komme ja nicht zu Ihnen, sondern zu Ihrer Schwiegermutter!"

Das war abgekartet, denn die Polizei hatte Abhörgeräte eingebaut. Die Schwiegermutter, von der ich sprach, war die Frau eines Sohnes von Gandhi. Sie lebte an dem Ort, wo Gandhi seinen ersten Aschram, sein erstes Gebetshaus, gegründet hatte zur Einübung der Gewaltfreiheit im Gebet vor Gott und in Betrachtung, zusammen mit der Familie ihrer Tochter, also einer Enkelin Gandhis. Ich wurde sehr herzlich empfangen, denn Bischof Hurley hatte ihnen schon vorher erzählt, wozu ich nach Südafrika gekommen war und daß ich ein glühender Verehrer von Mahatma Gandhi sei. Ich verbrachte den ganzen Nachmittag und Abend bei der Familie Gandhi. Der Mann der Enkelin Gandhis war im Geiste Gandhis politisch tätig, hatte die seinerzeit von Gandhi gegründete Kongreßpartei wieder zu neuem Leben gebracht. Er war nun das zweite Mal – wiederum ohne Prozeß – zu fünf Jahren Hausarrest verurteilt worden. Das bedeutete für seine Familie nicht nur eine neue Stufe von Apartheid, sondern auch bittere Not, Abhängigkeit von der Großherzigkeit anderer.

„Wie könnt ihr das aushalten?" fragte ich. Die drei Kinder waren bei dem Gespräch die ganze Zeit zugegen. Die Eltern erzählten mir von der Reaktion ihres ältesten Sohnes, als vor etwa zwei Jahren die Anordnung eines erneuten Hausarrestes auf sie zukam. Er habe angefangen, nicht nur traurig, sondern auch zornig zu werden und seinem Unmut gegen diese Ungerechtigkeit mit harten Worten Luft zu machen. Dabei wandte sich der Vater an den etwa zehnjährigen Jungen und bat ihn, mir davon selbst zu erzählen. Mit erstaunlicher Gelöstheit und ohne jedes Gefühl der Fremdheit mir gegenüber sagte der sympathische Junge: „Meine Eltern wurden sehr traurig, als sie merkten, daß ich anfing, Haß zu zeigen gegen die, die meinem Vater und uns das angetan haben. Sie sagten mir: Nun bist du von der gleichen schlimmen Krankheit angesteckt. Ja, es ist die gleiche Krankheit: Haß, und das ist für uns das allerschlimmste. Und dann haben sie mit mir gebetet, bis ich ganz verstand, daß man Haß nicht mit Haß überwinden kann." – Eine Einstellung, in der der Geist seines Großvaters lebendig wurde. Ich kam in den folgenden Tagen und Wochen mit einer Reihe von Frauen und Männern zusammen, die ohne Unterschied der Hautfarbe im Geiste Gandhis für Heilung und Befreiung von der abscheulichen Häresie der Rassentrennung und Ausbeutung kämpften und litten. Das sind die wirklichen Großen und Demütigen, die – obwohl an Zahl geringer – ein Gegengewicht zu den Anhängern des Unrechtssystems, den scheinbar hoffnungslos Angesteckten, bilden und die Ehre der Menschheit retten. Jede dieser Begegnungen gab mir neuen Mut und neue Hoffnung. Ebenso weckte die breite Mitarbeit so vieler bei meinen Kursen und Abendvorträgen in mir eine wachsende Zuversicht.

Immer wieder hörte ich das Wort: „Die Zeit drängt!" Lange darf es so nicht mehr weitergehen, sonst explodiert der Haß wie eine Atombombe! Aber andererseits hatte ich genug Anlaß, über die Geduld der schwarzen und gemischt-farbigen Bevölkerung und ihrer Führer zu staunen. Daß es trotz allem noch so viele Frauen und Männer gab, die auf den Sieg der

Geduld, der heilenden Gewaltfreiheit vertrauten, ist einfach erstaunlich.

An unseren Kursen der „Winterschule" nahmen im allgemeinen nur Katholiken und Anglikaner teil. Jedoch waren für P. Fransen und mich auch mehrere Begegnungen mit Vertretern anderer christlicher Kirchen, vor allem mit den angehenden Pastoren, vorgesehen. Wir wurden sehr herzlich empfangen, und überall war der Dialog auch über Fragen der Ökumene überaus anregend.

Ein Abstecher von einer Woche führte nach *Lesotho.* Es ist ein relativ kleines Land, das vom Sotho-Stamm bewohnt wird und von der Republik Südafrika wirtschaftlich und politisch abhängig ist. Doch hier spürte man einen anderen Wind! Trotz aller wirtschaftlichen Abhängigkeit sind die Einwohner Lesothos durchweg Schwarze und stolz auf ihre menschliche Unabhängigkeit, auf ihr Freisein von Rassenvorurteilen. Die katholische Kirche ist dort im Verhältnis zur Republik Südafrika stark. Die Kirche hat einen nicht zu unterschätzenden Einfluß. P. Fransen und ich wurden dort bestens aufgenommen. Der Kurs, den wir in der Kleinstadt Roma gaben, platzte aus allen Nähten. So blieb für jeden Teilnehmer nur eine Wolldecke übrig. Da die Stadt relativ hoch liegt, hatte es gerade Schnee. Ich zog nachts alle meine Kleidung an, um mich warm zu halten. In der Frühe machten wir es wie die Aussätzigen: bis die Sonne etwas höher am Himmel stand, hüllten wir uns in die Wolldecke, mit der wir auch geschlafen hatten.

Keine fertigen Antworten

In Südafrika, mehr als in anderen Ländern Afrikas, wo so vieles im Wandel ist und so viele Unrechtsstrukturen nach Abhilfe schreien, stellen sich der Kirche eine Menge von Fragen, auf die wir wahrhaftig keine fertigen Antworten haben.

Das wurde mir besonders klar, als ich ein Wochenende bei den irischen Dominikanerinnen verbrachte, die eine der angesehensten Hochschulen für Frauen leiten und zu meinem Erstaunen den Unterricht nicht auf Englisch, sondern auf Afrikaans erteilen. Sie alle stellten sich der Frage, ob sie dadurch bei der unterdrückten schwarzen und farbigen Bevölkerung nicht Anstoß erregen. Sie erwogen ganz ernst, sich radikal umzustellen, wenn sie dies als Gottes Willen erkennen würden.

Auch an mich stellten sie ihre Fragen. Es gab keine Spaltung in der großen Ordensfamilie. Alle waren bereit, sich umzustellen. Ich neigte zunächst dazu, für ein prophetisches Zeichen zu plädieren. Doch ich hörte auch wohlüberlegte Erwägungen in anderer Richtung. An dieser Hochschule studieren die künftigen Frauen vieler weißer Politiker, gerade auch aus der herrschenden Gruppe der Buren. Könnte es nicht ein bedeutsamer Auftrag sein, auf dem Posten auszuharren, aber mit der klaren Zielrichtung, alles zu tun, um das soziale Gewissen der Studierenden zu wecken?

Dagegen wurde die Frage aufgeworfen: Werden wir nicht die meisten Studentinnen verlieren, wenn sie bzw. ihre Eltern merken, daß wir uns klar in dieser Richtung engagieren? Ich neigte schließlich am ehesten der Meinung zu, daß die Zielrichtung zwar sehr fest ins Auge gefaßt werden solle, aber man nicht einen lauten, sondern einen sanften, graduellen Übergang brauche. Aufgabe der Christen ist es nun einmal, Salz in der Suppe und nicht rein bewahrtes Salz neben der Suppe zu sein.

Mir fallen diese ernsthaften Überlegungen wieder ein, wenn es heute um ein Urteil geht, wie weit die Kirche in der ehemaligen DDR Kontakt und teilweise Mitarbeit mit den Herrschenden wagen konnte und wohl auch mußte. Sowohl die gandhische Idee der aktiven Gewaltlosigkeit wie die biblische Sicht der Feindesliebe erlauben keine totale Kontaktscheu. Gandhi sprach oft vom „open-ended compromise", d.h. von einer dynamisch vorwärts drängenden Kompromißbereitschaft. Man kann nun einmal nicht alles auf einmal erreichen. Es bedarf vieler kleiner Schritte. Das Ziel muß aber klar sein.

Das Stinktier

Beim Abschied aus dem Stammesgebiet der Zulu in Südafrika veranstaltete man uns zu Ehren ein Fest. Die Zulu verstehen sich darauf bestens. Ich erhielt ein symbolträchtiges Geschenk: eine etwa 50 cm große Figur aus schwarzem Holz, die aber nicht den schwarzen Mann darstellte, sondern einen weißen Widersacher; ein Gesicht mit überquellenden Augen. In Italien würde man hier von *malocchio,* vom bösen Blick, sprechen. Die Zunge und das Kinn wie ein scharfes Schwert, der Bauch geschwollen, die Hände am Hintern. In einem Gedicht wurde es mir gedeutet: Nimm dieses Untier mit! Du bist ja dazu gekommen, uns davon zu befreien. Tu damit, was du willst, laß es nur nicht mehr zurückkommen! Verbrenn es, vergrabe es oder hüte es, und denk an uns! Ja, dieser böse Blick quält uns, lähmt uns, bedroht uns. Die böse Zunge ist eine Waffe, die ständig gegen uns lästert und uns schmäht. Der Bauch ist schwanger von Unheil, das sie ausbrüten. Und schau dir dieses Stinktier an, es verbreitet einen unerträglichen Gestank.

Ich dachte an meine Gebete aus der Arche, vor allem an das eine, das ich in den USA erfand, als im Jahr 1968 eine Stinkwelle des Pessimismus in der Kirche aufstieg. Ich hatte damals meinen Bruder in New Jersey besucht und ihn unwillkürlich gefragt: „Aber sag mal, Martin, woher kommt dieser höllische Gestank um dein Haus herum?“ Die Antwort: „Ein Stinktier ist vorbeigelaufen und hat, da es sich angegriffen fühlte, seinen ganzen Stinkbeutel ausgeleert. Wir müssen halt bis zur großen Regenzeit waren.“ Er erklärte mir auch – ob es stimmt oder nicht, weiß ich nicht –, daß man dem Parfum aus anderen Düften die Qualität der Dauer verleihen kann durch minimale Beigaben vom Produkt des Stinktiers. Mein Gebet lautete ungefähr so, das heißt das Gebet des Stinktiers, dem ich nicht gleichen möchte: „Wenn ich wandere durch den Wald, durch die Wälder, dann wundere ich mich, mein Gott: Warum hast Du mir diese starke Waffe der Selbstverteidigung eingebaut, die mich immer wieder in die Einsamkeit verbannt? Und wenn ich wandere und wandere, so wundere ich mich immer mehr: Durch welche Identitätskrise muß ich wohl hindurch, bis du mir auf der neuen Erde und im neuen Himmel diese Waffe wegnimmst? Amen." – Herr, befreie das herrliche Südafrika von dem höllischen Gestank der Apartheid und der Verzagtheit!

Das Geschenk der Zulu hatte noch eine Nachwehe. Ich nahm diese Symbolfigur tatsächlich mit nach Rom und stellte sie hoch auf meinem Bücherschrank auf. Ich zeigte sie und erklärte die Symbolik oft meinen Besuchern, besonders den Afrikanern und allen, die sich für Gewaltfreiheit engagieren. Eines Tages mußte wegen einer Reparatur der Schrank verschoben werden. Ich half mit. Da fiel mir der Stinkteufel auf den Kopf und von dort auf die linke Hand und verwundete mich an beiden Stellen fühlbar. Von nun an blieb er auf dem Boden stehen. Als mich später ein Bildhauer besuchte, zeigte ich ihm den kleinen Teufel. Er verliebte sich regelrecht in diese drastische Symbolfigur. Als ich sie ihm zum Geschenk machte, fühlte er sich steinreich.

Letzte Station: Cape Town

Bei meinem Besuch im Seminar für Mischlinge in Cape Town sprachen sich die Studenten sehr freimütig aus. Sie waren unglaublich verbittert, weil ihnen berichtet worden war, ihr Erzbischof habe im Ausland gesagt, die Schwarzen und Mischlinge wüßten doch selber sehr genau, daß sie sich nicht selber regieren können. Ob er es so gesagt hat oder ob das Wort verdreht als Echo zurückkam, möchte ich dahingestellt sein lassen. Tatsache ist, daß es bei manchen Bischöfen Südafrikas auch eines längeren Prozesses des Umdenkens bedurfte, und sicher auch beim Erzbischof von Cape Town, der später sogar Kardinal wurde.

Den Abschluß unserer Tätigkeit in Südafrika bildete eine Großveranstaltung im größten Saal der Gegend an einem Abend. Die Zuhörer waren ihrer Hautfarbe nach gut gemischt. Als erste sprach eine schwarze Krankenpflegerin. Man sagte mir, sie könne kaum schreiben, wohl aber lesen, doch sei sie eine beeindruckende Persönlichkeit. Während ihres Vortrages kam mir immer wieder der Gedanke: wenn doch wir Priester alle so wie diese Frau von Herzen und zu den Herzen sprechen könnten! Sie sprach auch von den Verletzungen durch die Verachtung der Schwarzen, die auch sie immer wieder erlitt. Doch im Gebet vor Gott heilen diese Wunden. Da erfahre sie immer neu und mit neuer Freude ihre Würde als Tochter Gottes und erhalte die Kraft, auch jene ärmsten Menschen zu lieben, die andere nur deshalb nicht lieben können, weil sie nicht farblos sind wie sie selbst.

Wagt nicht, Gott ins Angesicht zu lügen

In meinem Vortrag in Cape Town hielt ich mich an ein Modell des großen Friedensapostels Erasmus von Rotterdam, der aus dem Lande kommt, aus dem auch die Vertreter der Apartheid stammen. Es war seine große Rede an diejenigen, die es wagen, als Lügner vor Gott zu treten und das Vaterunser lügenhaft zu verzerren.

„Unser Vater“, sagen sie; versteht sich: nur unser Vater, nicht der Vater der Farbigen, Vater der Reichen, nicht der armen Taugenichtse! „Im Himmel“ hast du ja auch keinen Platz für die Söhne Chams. Sei dafür schon auf Erden gepriesen. O Gott, deinem Namen singen sie großartige Lieder in ihren reichen Tempeln, während sie ihn im Leben, besonders in der Politik, systematisch schmähen. Sie sprechen dir ja die Vaterschaft für die Armen und die Farbigen ab. „Gib uns unser Brot!“ nicht nur für heute. Wir haben ja vorgesorgt für viele Jahre, reiche Vorräte. „Ihr Lügner“, erwidert euch Gott. Nicht nur Brot, sondern auch die besten Fleischbrocken habt ihr für eure fetten Wachhunde. Und ihr leugnet, daß ich der Vater der Schwarzen bin, die für euch arbeiten und die es lange nicht so gut haben wie eure Hunde ... „Und führe uns nicht in Versuchung“, so lügt ihr Gott in die Ohren, oder meint ihr, er höre es nicht und sähe es nicht, wie euer ganzes System der Apartheid, des Rassenwahns, der Beschnüffelung der anderen eine ständige Veranstaltung der Versuchung für zahllose Menschen ist? Merkt ihr nicht, daß für euch die Falle der Versuchung schon zugeschnappt ist? Wer Gruben gräbt für andere, fällt selbst hinein. „Bewahre uns vor dem Bösen." Hört ihr nicht das Hohngelächter des Bösen, der euch umgarnt hat?

Im Saal war es lautlos still. Auch ich selbst wurde am Ende sehr still. Wiederum mit Erasmus von Rotterdam, den ich in diese neue Welt übersetzt hatte, sprach ich: „Bin nicht vielleicht auch ich noch halb ein Lügner? Steckt nicht auch in meinem Gebet noch ein Stück Lüge? O Gott, hab Erbarmen mit uns allen!"

Die Reaktion war überraschend. Eine Frau trat vor und sagte etwa folgendes: „Ihr alle wißt, wie ich gegen diesen Mann hier gehetzt habe. Jetzt hat er mir die Augen geöffnet. Ich bitte ihn und euch alle um Verzeihung!" Es kam auch ein Pastor der die Apartheid verteidigenden und religiös begründenden Kirche nach vorne. Ich hatte ihn schon öfters beobachtet und wußte, daß er einer der mir nachgeschickten Spione war. Mit Tränen in den Augen sagte er: „Ich beginne zu verstehen. Bete für mich!"

Noch selten habe ich Gott so innig gedankt wie bei diesem Abschluß meiner Südafrikareise. Mehr denn je in meinem Leben glaubte ich an das Evangelium der Liebe und der heilenden Gewaltfreiheit.

Ein Auftrag zum Abschied

Mein Besuch in Südafrika hatte noch ein bedeutsames Nachspiel: Eine Delegation des schwarzen Klerus kam, um sich bei mir zu bedanken, aber auch mit dem dringenden Auftrag: „Allüberall, wo in Afrika einheimische Regierungen bestehen, hat die Kirche endlich schwarze, einheimische Bischöfe ernannt. Müssen sie nicht Zweifel haben, ob dies wirklich aus Rücksicht auf die Eingeborenen geschieht, wenn sie hören, daß in Südafrika, wo eine weiße Schicht von Unterdrückern an der Macht ist, Rom keine wirklichen Afrikaner zu Ortsbischöfen ernennt? Gewiß, wir wissen zu schätzen, wie manche Bischöfe weißer Hautfarbe sich mutig auf unsere Seite gestellt haben. Doch gibt es noch einige, bei denen wir nicht klar sehen. Wir alle danken dir für deinen Freimut, für dein Eintreten gegen Rassenwahn und Ausbeutung. Aber um der Glaubwürdigkeit der Kirche willen mußt du in Rom unsere Botschaft an der richtigen Adresse ausrichten. Wir wollen auch schwarze Bischöfe, denn es gibt in unserem Land neben zwei bis drei Millionen schwarzer und farbiger Katholiken nur etwa 200 000 weiße Katholiken. Und von diesen haben sich noch lange nicht alle für die Gleichheit von Weißen und anderen entschieden."

Die Priester erzählten mir, daß weiße Pfarrer nicht selten afrikanische Priester als Prediger eingeladen haben. Aber fast jedesmal gibt es einige, die sie verachten und beschimpfen, so daß schließlich der afrikanische Priester weinend wegläuft. Sie erzählten mir – zu meiner großen Freude – auch von meinem Mitbruder Naidoo, einem kohlrabenschwarzen Mann indischer Abstammung, der viel eingeladen werde und auch den sonst sogar hartnäckigen weißen Katholiken imponiere. Einmal habe eine weiße Frau nach seiner Predigt gesagt: „Wenn man die Augen schließen und ihm so zuhören würde, dann könnte man meinen, ein Engel sei vom Himmel gekommen. Tust du aber die Augen auf, dann siehst du diesen schwarzen Mann!" Naidoo war in Rom mein Hörer gewesen und hatte in derselben Kommunität mit mir gewohnt. Wir hatten oft über die Situation in Südafrika gesprochen, und bald begann er sich leidenschaftlich für die Gewaltfreiheit zu interessieren.

Ich führte den mir energisch übertragenen Auftrag der afrikanischen Priester in Rom aus. Ich redete, wenn man es so trivial sagen darf, dem Kardinalpräfekten der Missionskongregation, die zuständig ist, ein Loch in den Bauch. Ich war hartnäckig, bis er mir versicherte, er habe verstanden. Es wurden dann auch bald drei schwarze Bischöfe ernannt, unter ihnen auch mein Mitbruder Naidoo. Ich hatte mich jedoch gehütet, Namen vorzuschlagen. Naidoo wurde Bischof-Koadjutor in Cape Town. Er verstand es, mit dem Kardinal gut zusammenzuarbeiten, so daß auch der Kardinal allmählich das Vertrauen der nicht-weißen Katholiken seiner Diözese wiedergewann. Naidoo wurde nach dem Tode des Kardinals sein Nachfolger. Er vertrat bald darauf den südafrikanischen Episkopat bei Bischofssynoden und wurde in das ständige Sekretariat der Bischofssynode gewählt. Sein früher Tod ist ein schwerer Verlust, nicht zuletzt auch für die bevorstehende pan-afrikanische Synode.

Ein Blitzlicht

Im folgenden Jahr kam ich anläßlich meines Besuches in Rhodesia nochmals nach Südafrika. Da ich jedoch kein Visum erhielt, mußte ich einen ganzen Tag auf meinen Anschlußflug mit der „Swiss Air" warten. Ich erhielt eine Gratiskarte für die Mahlzeiten im Flughafenrestaurant. Beim Mittagessen saß ein typischer selbstbewußter Bure neben mir, der mir nichtsahnend von seinen vielen tausend Hektar Boden, die er unter dem Pflug habe, und von seinen vielen Herden erzählte. Den Naiven spielend, fragte ich ihn nach den Löhnen für seine vielen Taglöhner und dauernd Beschäftigten. Er gab nur zu verstehen, daß ich eine dumme Frage gestellt habe. Er habe keine Lohnverhältnisse und erlaube den afrikanischen Familien – und es seien deren viele –, die für ihn arbeiten, eine bestimmte Anzahl von Kühen, Schafen usw. auf seinem Eigentum mitzufüttern. Und wenn sie fleißig seien, würde für sie im Notfall, besonders im Fall von Krankheiten, gut gesorgt. Immer noch den Naiven spielend, fragte ich dann, wie er es mit den Faulen halte. „Die kennen den Ochsenstock!" Alle Leute hätten vor ihm höchsten Respekt. Der Häuptling spreche mit ihm, wenn er einen Wunsch habe, nur auf den Knien. Er erklärte mir, wie falsch die Informationen über Südafrika im Ausland seien. Die Schwarzen sollten froh sein, daß sie – die Buren – Fortschritt in das Land gebracht hätten. Als ich immer noch mit meiner Meinung zurückhielt und ihm aufmerksam zuhörte, meinte er, ich könnte ihn ja einmal besuchen, er würde mich gut bewirten. Als ich ihm jedoch sagte, ich sei vor einem Jahr in Südafrika gewesen und hätte mich gut informiert, war von einem Besuch bald keine Rede mehr. Obwohl er sehen mußte, daß ich ein Priester war, kamen wir zum Glück nicht auf Religion zu sprechen. Es wäre sicher peinlich geworden, denn in meinen Augen gibt es keinen größeren Greuel als pervertierte Religion. Schon die Versuchungsgeschichte Jesu hat durchweg mit pervertierter Religion zu tun gehabt. Und den Zorn Jesu über pervertierte Religion symbolisiert die Geschichte der Tempelreinigung durch Jesus. Ja, auch sein Tod am Kreuz hängt in vielfacher Weise zusammen mit pervertierter Religion. Doch dies konnte einem steinreichen Buren nicht an einem reich besetzten Tisch klargemacht werden.

XIII
Rhodesia

Bald nach meiner Rückkehr aus Südafrika erreichte mich in Rom eine Anfrage des Episkopats aus dem benachbarten Rhodesia, jetzt Zimbabwe genannt, ob ich bereit sei, dort ähnliche Kurse wie in Südafrika zu geben. Es wurde mir auch gleich mitgeteilt, daß die Bischöfe entschlossen seien, bei diesem Anlaß ganz offen die Rassengesetze zu übertreten. Ich erklärte mich dazu gern bereit. Die Krise, die der damalige Ministerpräsident Smith mit dem Versuch ausgelöst hatte, die Rassentrennung und Vorherrschaft der weißen Minorität mit allen Mitteln durchzusetzen, war damals auf ihrem Höhepunkt angekommen. Man fing mit ähnlich unsinnigen und unmenschlichen Umsiedlungen der schwarzen Bevölkerung an, wie sie damals in Südafrika vor sich gingen. Mein Vorsatz war, unermüdlich die gewaltfreie Befreiung zu predigen.

Typisch für die damalige Situation war der Rat, den mir der Sekretär der Bischofskonferenz gab: ich sollte darum bitten, mir das Visum auf einem losen Blatt zu geben, denn ein Eintrag in meinem Paß könnte sonst Anlaß sein, mir in anderen afrikanischen Ländern die Einreise zu verbieten. Das Rhodesia des Mr. Smith war von ganz Schwarzafrika geächtet. Die meisten afrikanischen Länder verboten Fluglinien nach Rhodesia jede Landung. So mußte ich auf dem Hin- und Heimweg den Umweg über Südafrika nehmen.

Etwa 85 Prozent der Bevölkerung Zimbabwes gehören zum hochbegabten Stamm der Schona. Sie verfügen, so wurde mir wiederholt gesagt, über einen Wortschatz, der den europäischen Sprachen kaum nachsteht. Schon ihr gesundes Selbstbewußtsein erlaubt ihnen nicht, sich dem Joch der alten Kolonialherren und ihrem grenzenlosen Rassismus zu unterwerfen. Hatte ich schon in Südafrika oft den Satz gehört „Time is running out" (es ist höchste Zeit, Schluß zu machen mit der Unterdrückung), so klangen die gleichen Worte in Rhodesia sehr viel leidenschaftlicher und entschlossener.

Die protestantischen Kirchen Rhodesiens waren bereit, mit unserem Entschluß, die Rassengesetze offen und massiv zu übertreten, zusammenzuarbeiten. So fand mein erster Kurs in einem College statt, das der evangelischen Kirche gehörte: Weiße und Schwarze nahmen nicht nur gemeinsam an den Sitzungen und Mahlzeiten teil, sondern wohnten auch unter ein und demselben Dach. Natürlich waren wir gespannt, wie die Regierung reagieren würde. Sie entschloß sich offensichtlich, so zu tun, als wüßte sie nichts. Sie wollte zum damaligen Zeitpunkt die Konfrontation mit den Kirchen nicht. Der große Vorteil war, daß es in Rhodesia keine Kirche nach der Art der Buren gab, die die Apartheid und Unterdrükkung religiös begründen wollten.

Die katholischen Bischöfe Rhodesiens waren damals noch alle weiße Missionsbischöfe. Doch die Stimmung war hier ganz anders. Alle meine schwarzen Gesprächspartner sagten mir, es sei ein Glück, daß die Kirche in Rhodesia diese mutigen Vertreter der Rechte der altansässigen schwarzen Bevölkerung habe. Kein schwarzer Bischof, so meinten sie, könnte sich mit solcher Entschlossenheit für sie einsetzen, wie es die weißen Bischöfe taten.

Im übrigen hatte die Kirche in Rhodesia mit fast allen Problemen zu kämpfen, wie ich sie in anderen Ländern Afrikas zu sehen und zu hören bekam, z. B. daß das römisch-kanonische Recht für die afrikanische Eheschließung und Eheauffassung denkbar ungeeignet erschien. Auch die Schona-Priester, die an meinen Kursen teilnahmen, stammten alle aus polygamen Familien oder – wie sie sich lieber ausdrückten – hatten alle zwei Mütter, manche auch drei. Die Bischöfe und Missionare zeigten sich – so hatte ich den Eindruck – durchweg als sehr empfänglich für die typisch afrikanischen Probleme. Dazu trug wohl auch die geschlossene Widerstandsfront gegen Herrn Smith und seine anmaßenden weißen Parteigänger bei.

In Harare gab ich einen eigenen Kurs für die deutschen Missions-Dominikanerinnen. Ich freute mich sehr über das Modell einer integrierten Schule, die von ihnen geleitet wurde. Es handelte sich ursprünglich um eine Missionsschule für die einheimischen Kinder. Doch eine beachtliche Gruppe von weißen Katholiken der Hauptstadt entschloß sich, ihre Kinder dorthin zu schicken und auf diese Weise zum Unterhalt der Schule wesentlich beizutragen, unter Verzicht auf eine von der weißen Regierung finanzierte privilegierte Schule für Nur-Weiße. Ich traf auch einmal mit dieser Gruppe zusammen und bewunderte ihre klare Sicht der Situation und ihre Entschlossenheit.

Bei den Kursen staunte ich über die hohe Zahl von afrikanischen Schwestern, die mit großem Interesse teilnahmen. Unter ihnen war auch die Generaloberin der einheimischen Schwesternkongregation, die mich zu einem Besuch im Mutterhaus einlud. Sie vermerkte allerdings, daß ihr Haus im schwarzen Reservat liege, in das man nur mit Spezialerlaubnis als Weißer eintreten darf. Ein Jesuitenpater, der aus Deutschland stammt, übernahm es, mich dorthin zu fahren. Wir wurden vom afrikanischen Polizisten aufgehalten. Er verlangte von uns das Vorzeigen eines Spezialausweises für eine solche Reise. Die Reaktion des Jesuiten ist mir unvergeßlich. Er schaute den Mann fest und freundlich an und sagte: „Ich bin fest überzeugt, daß Sie sich in ihrem tiefsten Herzen schämen, an solchem Unrecht mitzuwirken. Täusche ich mich?" Und ohne lang auf die Antwort zu warten, an der der gute Mann herumwürgte, sagte der Jesuit: „Schönen Dank für Ihre Freundlichkeit und Ihre Vernunft!" – Unbehelligt fuhren wir an unser Ziel.

Am Ende meiner Arbeit in Rhodesia war ich stolz, zu dieser Kirche zu gehören, die sich mit solcher Entschlossenheit und Geschlossenheit auf die Seite der Unterdrückten stellte. Ich vibrierte mit ihrer Ungeduld, nahm aber auch teil an ihrer Zuversicht, daß das Unrechtsregime sich nicht halten könne. Ich war auch froh, daß der Großteil der schwarzen Bevölkerung ebenso wie die Bischöfe und Priester und selbstverständlich auch die mutigen Ordensschwestern überzeugt waren, daß Gewaltfreiheit der rechte Weg zur Befreiung sei.

Ich hatte freilich auch nachzudenken über die mir oft gestellte Frage, ob man Freiheitskämpfern Versteck und Proviant geben soll. Man fragte freilich sehr diskret. Die Richtung der Lösung war der unablässige Versuch, alle zu überreden, daß Gewalt nicht der rechte, ja nicht einmal der aussichtsreichste Weg sei. Ich war jedoch im Urteil zurückhaltend.

Während meines Aufenthaltes besuchte ich selbstverständlich auch meine Mitbrüder, die in den armseligen schwarzen Siedlungen außerhalb der Hauptstadt wirkten. In einer Stadt von mehr als zwanzigtausend Einwohnern gab es kein einziges Gemeindezentrum, keinen Ort zum Zusammenkommen und kein Kirchengebäude. Meine Mitbrüder wohnten in den gleichen armseligen Hütten wie die Einheimischen: ein Jammer, diese Wohnungsnot anzusehen.

Nach Absprache mit meinen Mitbrüdern englischer oder südafrikanischer Herkunft schrieb ich ein Gesuch an „Missio" in Aachen. Der Anlaß war günstig. Die Bischöfe Rhodesiens hatten von dort ein gutes Stipendium für mich erhalten. Ich hatte sie nicht rechtzeitig informiert, daß mit meinen Obern seit langem ausgemacht war, daß ich in Afrika weder

Reisevergütung noch ein Honorar annehmen darf, auch kein Geschenk von Wert. So machte ich mit dem mir zugedachten Honorar eine kleine Stiftung, einen Baustein für ein Gemeindezentrum, in dem auch die Eucharistie gefeiert werden sollte, und bat „Missio" die Angelegenheit in die Hand zu nehmen. Das geschah denn auch zur großen Freude meiner Mitbrüder und ebenso der gesamten schwarzen Bevölkerung des großen Ortes.

Ausblick

Nachdem ich diese Aufzeichnungen abgeschlossen hatte, erhielt ich von Peter Lwaminda, meinem ehemaligen Doktoranden, dem inzwischen das Amt des Generalsekretärs des AMECEA (der Vereinigung der ostafrikanischen Episkopate) übertragen wurde, die sehr beeindruckende Schrift: „Überlegungen und Vorschläge des AMECEA für die bevorstehende panafrikanische Bischofssynode". Ich bin über den Mut und die Weitsicht dieser Programmschrift erfreut und erstaunt. In ihr finde ich alle meine Anliegen wieder, die ich im vorliegenden Buch angesprochen habe. Dabei zeigt sich eine radikale Bereitschaft zur Gewissenserforschung, die von einem großen Gottvertrauen wie auch von einem berechtigten Grundvertrauen in die schöpferischen Kräfte der Kirche in Afrika getragen ist.

An erster Stelle geht es um die lebensnahe, *inkulturierte Verkündigung der Heilsbotschaft.* Das gläubige Afrika entdeckt die eigene Identität gerade im Blick auf das Evangelium vom Reiche Gottes: „Die afrikanische Kirche hat zu sich selbst gefunden, und mit Zuversicht schaut sie vorwärts auf die Synode, entschlossen, frei zu werden von allem, was sie hindern könnte, die großen Dinge zu erschauen, die Gott vorhatte, als er die Männer und Frauen Afrikas nach seinem Bild und Gleichnis schuf. Es ist höchste Zeit, daß die Kirche den Afrikanern gestattet, davon zu träumen und sich dafür einzusetzen, daß christliches Heilsein in der Wirklichkeit des Lebens Tanz und Gesang werden."

Die Kirche Afrikas läßt sich von einem ihrer Künstler warnen: „Ja nicht kopieren; denn der Kopierer möchte Gott einschläfern."

Hinter allen Vorschlägen und Überlegungen steht die Zuversicht einer immer neuen Ursprünglichkeit einer Christenheit, der der ständige Lobpreis des Schöpfers für all seine Gaben am Herzen liegt; einer Kirche, die im Glauben an ihre Berufung frohlockt und sich zutraut, schöpferisch zu sein aufgrund ihres Glaubens an den Heiligen Geist, den Ermunterer.

Die Inkulturation wird keineswegs als ein enger Sonderweg angesehen, sondern als Erweis der Mitverantwortung innerhalb der ganzen Kirche mit dem Ziel einer gegenseitigen Bereicherung. Dazu sagt das ostafrikanische Dokument: „Ähnlich wie die Befreiungstheologie für Lateinamerika zentral ist, sollte die Inkulturation ein kennzeichnender Ausdruck der Erneuerung der Kirche in Afrika sein." Es geht darum, den Graben zwischen Glaube und Kultur schöpferisch zu überbrücken. Unter anderem wird dafür die unauflösliche Einheit von *Heilsverkündigung und Heilen* herausgestellt. „Jedermann weiß um die Bedeutsamkeit dieses Aspekts im Leben des Volkes in Afrika; das gilt nicht nur für die unabhängigen Afrikanischen Kirchen, sondern ebenso innerhalb der katholischen Kirche." Typisch für die klare Sicht ist folgender Satz: „Gottes Offenbarung findet in einem kulturellen Kontext statt, und so verhält es sich auch mit der Antwort, dem Glauben als einer gelebten Wirklichkeit."

Selbstverständlich steht der *Dialog* an vorderster Stelle. Alle sollen an ihm beteiligt sein: „Dialog unter uns selbst als Volk Gottes, zwischen den verschiedenen Ebenen der Kirchenstruktur." Unter dem Thema Dialog kommt dann der weitgefächerte Ökumenismus zur Sprache, und dies sehr nachdrücklich.

Die ostafrikanischen Episkopate sind sich durchaus bewußt, daß Fragen nach *Gerechtigkeit und Frieden* und eine dementsprechende Gewissenserforschung hohe Priorität haben. Ich bin erstaunt, wie offen dabei die Halbherzigkeit kirchlicher Autoritäten angeklagt ist. Man darf hoffen, daß die Kirche in Afrika nach der großen Bischofssynode eine deutliche prophetische Stimme und ein unübersehbares Zeugnis zugunsten der Armen und Benachteiligten werden wird. Im Themenkreis der Kommunikation wird selbstverständlich auch die Frage der *Transparenz* angesprochen.

Das geschichtlich hochbedeutsame Ereignis der panafrikanischen Bischofssynode, an der auch die Laien, Männer und Frauen, stark beteiligt sein werden und die nach der Meinung vieler Afrikaner schließlich zu einem afrikanischen Konzil führen könnte, sollte bei uns allen und überall auf der Erde auf lebendige Anteilnahme stoßen. Die Kirche Afrikas wartet auf unser Beten und unseren Rückhalt.

Diesem Anliegen wollte dieses Buch narrativ entsprechen.

Plädoyers für eine Erneuerung

Unsere Erfahrung mit der Kirche

Von Alfons Auer, Alfons Deissler, Heinrich Fries, Herbert Haag, Bernhard Häring und Heinrich Spaemann
Herausgegeben von Marianne Müssle

3. Auflage, 120 Seiten, Paperback. ISBN 3-451-22186-1

„Offene Worte international angesehener Theologen zu ihren persönlichen Erfahrungen mit der Kirche. Eine seltene Zusammenstellung von Retrospektiven und Glaubenszeugnissen, deren Ziel es ist, entschieden an der Erneuerung der kirchlichen Strukturen mitzuwirken und einzutreten für eine Gemeinschaft der Glaubenden im Geist der Bergpredigt.
Es ist ein höchst lesenswertes Buch, eine anregende Glaubenslehre par excellence: diskussionswürdig, inhaltsschwer und problemreich. – Antwort und Herausforderung zugleich für jeden, der sich seiner Kirche verpflichtet fühlt und mit ihr den Weg des Leidens, der Frustrationen und Enttäuschungen, aber auch der Gewißheit, im Herrn geborgen zu sein, gehen will“ (Technik und Mensch).

Verlag Herder Freiburg · Basel · Wien